李青

松弛感创富指南

李 菁 ✦ 著

图书在版编目（CIP）数据

松弛感创富指南 / 李菁著. -- 南京 : 江苏凤凰文艺出版社, 2025. 6. -- ISBN 978-7-5594-9662-1

Ⅰ. F241.4-49

中国国家版本馆 CIP 数据核字第 2025G8G984 号

松弛感创富指南

李菁 著

责任编辑 周颖若

特约编辑 范 娟

封面设计 呦鹿 1015838109@qq.com · 阿漫

出版发行 江苏凤凰文艺出版社

南京市中央路 165 号，邮编：210009

网 址 http://www.jswenyi.com

印 刷 三河市嘉科万达彩色印刷有限公司

开 本 880mm × 1230mm 1/32

印 张 10

字 数 181 千字

版 次 2025 年 6 月第 1 版

印 次 2025 年 6 月第 1 次印刷

书 号 ISBN 978-7-5594-9662-1

定 价 69.80 元

自序

PREFACE

创业，就是活出真我

2025 年 3 月 5 日，我与爱人旅居于巴厘岛的金巴兰海湾。

阳光如金色的绸缎，温柔地铺洒在每一寸肌肤上，碧海蓝天相接，远处海浪轻拍沙滩，发出细微而悠远的声响。我们每日躺在海边的躺椅上，呼吸着带着咸味的清新空气，看着海浪一波又一波地涌来，又悄然退去。

其实，这已经是我们在异国他乡旅居的第 100 天了。

在这漫长的旅途中，我们在泰国清迈的寺庙里漫步，那些古老的佛像、静谧的庭院，让我们感受到一种超脱尘世的宁静与庄严；在芭堤雅的海边，我们一同观赏落日余晖映照下的晚霞，那绚丽的色彩如同心中燃烧的希望，温暖而明亮；在吉隆坡，古老的建筑诉说着岁月的沧桑，却也散发着独特的魅力，让我们流连忘返。如今，我们又来到巴厘岛，沉醉于那一片片绿色稻田的宁静与美好之中，仿佛整个世界都变得温柔起来。

每一个瞬间，他都陪伴在我身边。在这人生的旷野中，有他的陪伴，我深切地感受到一种难以言喻的幸福。我深信，我是这个世界上最幸福的女人，因为我过上了自己梦想中的生活。

你以为我只是与爱人在各地游玩吗？其实并非如此。我的收入依然在每天倍增。我拥有一家商业咨询公司，一个精干的小而美的全职团队，我们跨越地域的限制，通过线上协同办公。线上创业 8 年，全球有上万名女性跟随我学习打造个人品牌，而我只需一部手机，就能处理所有工作业务。

在巴厘岛金巴兰海湾，我一边欣赏着无垠的海景，一边做了一场为期 3 天的小发售。我的年度会员产品在这次发售中大获成功，这个月公司的业绩比上个月又翻了 10 倍。

或许此刻你会羡慕我过上了这种时间自由、地域自由、财务也相对自由的梦想人生。有灵魂伴侣相伴，告别朝九晚五，全球旅居办公，做着热爱的事业。但我想告诉你的是，我也曾是一个非常普通的小镇女孩，17 岁之前都没有走出过那个小镇。

真正让我改命的，是我选择了一条少有人走的路——个人品牌创业。

在这个充满变数的世界里，创业不仅是一场未知的探索，更是一段寻找自我、实现自我价值的旅程。老子说“道法自然”，意思是要顺应自然规律和自己的本性，这是通往成功的必由之路。这正是我——一个曾经的大学老师，变身为创业者的信条。8 年前，我辞去了稳定的工作，踏上了创业的征途。如今，我将我的创业经历，分为以下 3 个篇章，向你娓娓道来。

1. 学会转念：危机变转机

2016 年 6 月，我站在人生的十字路口上，做出了一个重大选择——辞去大学老师的工作，成为一名创业女性。那时，我心中充满了激动和不安，但更多的是对未知的渴望和对自我价值实现的执着追求。

8 年多过去了，你问我作为创业女性感觉如何？我会说：过瘾！这 8 年间，我如同在激流中航行，每一天都是在挑战自我，一往无前。我没有一天懈怠，不仅积累了 50 万粉丝，还打造了菁凌研习社平台，出版了 6 本畅销书。更重要的是，我与爱人一起实现了全球旅居的办公梦想，过上了时间自由、地域自由，财务也相对自由的生活。

然而，我的创业之路也并非一帆风顺。在事业如火如荼时，我的身体发出了警告。2021 年，我因为胃食管反流而引起嗓子发炎，连续几个月不能开口说话，这让我的咨询业务、学员交付直播等工作全部陷入停滞状态。我焦虑到崩溃，夜里常常大哭。其间，我的爱人闫闫始终陪在我身边，给予了我最大的支持和安慰。

在这段艰难的日子里，闫闫也做出了一个大胆的决定——带我去三亚看海，去那里旅居调养身体。在三亚的海边，我放慢了脚步，开始重新审视自己的生活和事业。我意识到，身体是革命的本钱，没有健康，一切成就都显得苍白无力。

调养期间，我没有放弃工作，而是转变了工作方式。我通过敲击键盘，一字一句地与外界沟通。虽然速度慢了许多，但我的心却变得更加沉静和坚定。在这时，我做了一件事，这件事不仅让我的业绩开始大幅上涨，也让我的身体渐渐好转。

我连续一周在朋友圈宣发我的恩师剽悍一只猫老师的《知识星球》专栏。在一个星期内，我帮他售卖了 300 多单。更神奇的是，很多伙伴在购买专栏的同时，也纷纷购买了我的年度社群产品。那个月我的业绩居然增长了 3 倍！

这件事让我深刻地意识到，利他，可以改命。在帮助他人的同时，我也得到了意想不到的回报。这不仅仅是业绩上的增长，更是心灵上的升华。我开始更加坚信，商业的本质是极致利他，只有真正地为他人着想，才能在商业世界中走得更远。

更重要的是——危机在转瞬之间，就变成了我事业的转机。

2. 跟对有结果的人，逆天改命

有人曾问我：李菁，作为女性个人品牌商业顾问，你的差异化优势何在？

我的回答是：首先，我已经取得了一系列的商业成果；其次，我与爱人闫闫的生活状态，正是许多人梦寐以求的——在创业的征途中保持松弛，实现了全球旅居办公的生活方式；最后，我深入研读经典，将商业智慧融入生活哲学，并保持着源源不断的内容创作能力。这，就是我的差异化优势。

创业路上，与谁同行至关重要。我曾深陷文人的“清高”思想，羞于谈钱，总觉得不能让金钱污染了艺术的纯粹。然而，生活不会因你的理想主义而放慢脚步，现实的压力让我不得不重新审视自己的价值观。直到我决心成为女性个人品牌商业顾问时，我才开始真正地爱上创业。我意识到，只有不断学习商业的底层逻辑，与有成就、有结果的人为伍，才能在创业路上实现命运的华丽蜕变。

在这条充满挑战与不确定性的道路上，我选择了向那些在私域赛道里已经取得了显著成就的老师学习。我投入了高昂的费用，不仅仅是为了获取知识，更是为了获得那些经过实践检验过的、能够直接应用的经验和智慧。

慢慢地，我拥有了自己的个人商业“智囊团”，他们是来自不同行业的优秀老师：创业导师薇安老师、创业导师 Angie 老师、创业导师剽悍一只猫老师、个人商业顾问特立独行的猪先生、直播商业顾问琦琦、视频号顾问文韬老师、高价 IP 顾问孟慧歌、社群运营顾问褚运七老师、私域操盘手格掌门、群发售操盘手一伊老师、小红书顾问小月老师、成交顾问彭金老师、私域顾问弗兰克老师、商业顾问秦阳老师、声音顾问莘茹老师……

“智囊团”带给我许多宝贵的商业智慧与人生经验，这对我后来在创业路上的每一步发展，都起了关键性作用。我愈发坚信，在拥有实战经验的好老师带领下，能让我少走很多弯路，进步神速。

我不断优化自己的产品体系，从最初的单一手机摄影训练营，逐步扩展到涵盖更广泛领域的摄影梦想学院，最终升级为一个全面赋能女性轻创业的平台。

如今，我的菁凌年度会员项目聚集了700多位高能量女性。她们来自各行各业，拥有不同的身份：有名校博士、知名作家、省台主持人、女企业家、自由职业者、艺术家、企业高管、教师、宝妈等。我下定决心要帮助向往美好生活的女性发掘优势、放大价值，打造个人品牌，打通变现思维，赋能商业模式，成就“左手拥有向往的生活，右手拥有人脉加财富”的人生梦想。不管她们是大咖，还是素人，我都会倾尽全力，帮助她们梳理个人品牌定位和商业模式，让她们精准选对赛道，重建个人品牌体系，打通多渠道收入。对于菁凌年度会员，我总是毫不吝啬自己的资源和支持，给到她们最好的、最需要的帮扶，快速扶她们上马，并继续陪她们奔跑。

即使在 2025 年，这艰难的大环境下，我仍然带着这些菁凌年度会员在线上实现了轻创业致富。群里每天都有菁凌年度会员的好成绩和报喜，看到她们在个人品牌打造上取得的进步，我深感欣慰。

李小月，一位小红书 IP 打造导师，在我和操盘团队的精心赋能下，她的直播发售成绩斐然，单场直播便创下了令人瞩目的 87 万元的佳绩。

秦小鱼，面部塑形领域的开创者，加入菁凌研习社已逾四载，她的副业年收入实现了翻倍增长，过上了梦寐以求的全球旅行办公的富足生活。

刘爽，菁凌私教的优秀学员，她从线下实体成功转型线上，我为她量身定制了商业模式，把她定位为最具演讲魅力的个人品牌商业顾问。如今，她的营收和影响力都实现了质的飞跃，她常说是我改变了她的人生轨迹。

这些人都是菁凌研习社大家庭中的一员。根据不同学员的需求，我们推出了多元化的产品梯队。其中，最受瞩目的年度学习陪伴型产品——女性个人品牌商学苑年度会员，以 9800 元 / 年的价格，已吸引了 700 多位姐妹的加入。

无论你是自由职业者、讲师、咨询师，还是创业者，这里都是你温馨的“家”。我致力于打造一个更有温度的菁凌研习社，助力更多女性实现物质与精神的双重富有。

当我看到我的学员们一个个实现了自己的小目标，当我看到她们因为我的指导而生活得更加自信和充实，我感到无比的欣慰和自豪。这种成就感，远比金钱带来的满足感更加深刻和持久。我开始理解，当我通过努力工作换来物质上的富足时，我拥有了更多爱这个世界的能力。我不再羞于谈钱，因为我知道，金钱只是实现更大目标的手段，而不是目的。

我对这个世界也有了更多的包容心。我学会了欣赏不同的观点，理解不同的生活选择，尊重每个人的价值和梦想。我更加坚信，每个人都有自己的闪光点，只要找到合适的方式，就能照亮自己的人生。自我持续向上生长的力量，让我在面对困难和挑战时更加坚韧不拔。

3. 创业就是要做松弛的自己，发挥天赋优势

创业不仅是一场冒险，更是一种生活态度的体现。我坚信“商业高效，生活松弛”的人生信条，因此在内卷化日益严重的时代背景下，我选择了一种与众不同的创业方式。我把公司开在家乡的千年古镇,那里有着悠久的历史和深厚的文化底蕴，每一砖每一瓦都诉说着岁月的故事。我与爱人环球旅居办公，感受山川湖海的壮阔与美丽，让心灵在大自然的怀抱中得到净化和升华。

我选择让员工满两年可以居家办公，坚持晚上 11 点必须睡觉的原则，雷打不动。我相信，只有保证充足的睡眠和良好的生活习惯，员工们才能以更加饱满的热忱和创造力投入工作中。这种工作与生活的平衡，不仅提升了工作效率，也让团队成员感受到了家的温暖和归属感。

我相信“静生定，定生慧”，在创业的 8 年时间里，我发现只有让自己静下来，定下来，才会产生智慧和思想。在快节奏的现代社会，人们往往会被各种琐事和压力所困扰，很难静下心来思考和感悟。而我却在这个过程中，学会了放慢脚步，倾听内心的声音，洞察事物的本质。这种内心的平静和定力，让我在创业中活出了真我，释放了天性，这才符合“天道”。

创业，就是活出真我。它不仅是一场对外界的征服，更是一次内心的觉醒。在创业的路上，我们会遇到无数的危机与挑战，但只要我们跟对有结果的人，不断学习与成长，就能逆转命运，化危机为转机。最重要的是，我们要做一个松弛的自己，发挥天赋优势，活出独一无二的人生。

正如老子所说："道法自然。"顺应自然规律和自己的本性，我们才能找到真正的成功。创业，不仅是一场冒险，更是一种生活的艺术，一种实现自我的旅程。在这个过程中，我们要学会与自己和解，与世界和谐共处，用一颗平和的心态去面对生活的起起落落，见天地见众生见自我。

每个人都应该问自己一个问题：我究竟想过一种怎样的生活？我究竟想拥有怎样的一生？

在你找到答案之后，你就为之去努力。因为你要相信是你的意念创造了你当下的生活，只要你不断地催生这个念头，不断依据着这样的念头去创造，去践行，你终将活在自己热爱的生活里。

我是女性商业与美好新生活的践行者，我愿带领更多的女性去创造富而喜悦的人生。

目录

CONTENTS

第1章 定位力：如何快速找到个人品牌的高价值定位

第2章 内容力：个人 IP 打造爆款内容的策略与方法

第3章 流量力：个人品牌如何吸引并留住你的私域流量

第4章 产品力：搭建可变现的产品体系

第5章 运营力：如何让私域流量付费并放大其价值

第6章 圈子力：找对圈子，圈层决定个人品牌的未来

第7章 变现力：如何低成本引爆私域资产增长和变现

第 1 章

定位力

如何快速找到个人品牌的高价值定位

1.1 方向：打造个人品牌能带来的好处与意义

你发现了吗？近年来打造个人品牌这个话题被越来越多的人提起，越来越多的人希望通过互联网打造个人品牌，实现个人财富与影响力的升级。在当今这个时代，构建你的个人品牌比以往任何时候都更加重要。

打造个人品牌能为你带来什么？

你能帮助更多需要你的人，有更多人会因你而改变；你会有更强的人生使命感，有更清晰的人生蓝图；你会拥有源源不断的物质财富，活得更有底气；你会拓宽与升级自己的人脉，让更多高能量的人对你产生信赖；你会遇见一群同频之人，走得更远；你的思维会得到升级，持续输出会倒逼你持续输入，让你成为一个终身学习者，成为一个高价值的人。

2016 年 6 月，我从高校辞职，开始借助互联网打造摄影美学导师这一个人品牌，6 年后，我影响了 1 万名学员，他们通过我的摄影美学课程不仅学习了摄影技巧，提升了美学素养，还学会了如何过更有审美力的生活。

有很多学员在学习了我的摄影课程后，开设了自己的线上摄影班和线下摄影工作室，通过摄影教学、给客户拍照，实现了兴趣变现。在这个过程中，有成千上万的人因我而获得改变。

纸鸢是一家美食小店的经营者，2017 年跟着我在线上学习手机摄影美学后，开始爱上手机摄影，又陆续学习了我们平台的其他手机摄影课程。2021 年，我发现她非常擅长微距摄影，给她定位为微距摄影美学导师，指导她推出了自己的手机微距摄影训练营产品。这几年，她帮助几百名学员通过手机记录微距世界的美，她的副业收入也早已超过主业。

我还有一个学员叫伽蓝雨，是一家教培机构的创始人。2017 年，她跟着我学习手机摄影，我发现她对美有很强的感知力。她住在离我家不远的县城，每次有客户来浦市古镇找我拍摄，她都会来当我的助理，给我打光、拿道具、举反光板，我也在这个过程中将自己拍摄人像的方法分享给她。2018 年，她在我的推荐下，买了一部二手单反相机，开始了自己的摄影之路。

伽蓝雨拍摄的照片越来越多，经过口碑相传，找她约写真拍摄的客户日益增多，她的收入也越来越高。2022 年，在“双减”政策下，她不得不关闭了自己的培训机构，但是因为有摄影这项技能，她一点都不慌张。她与朋友一起在县城开了一家儿童写真馆，生意火爆。

她现在也成了我的摄影师，每年都会给我拍摄很多组照片，我生日的时候她会把照片做成精致的相册寄给我。她说，很感谢因我而爱上摄影，她的人生也由此变得更精彩。

成人达己，这是打造个人品牌的价值所在。

成功打造了摄影美学导师的个人品牌后，我的收入也得到了增长。曾经的我是月光族，连自己都养不起。现在的我已经可以实现财富的相对自由，给家庭更好的物质条件，甚至成立了公司，组建了团队，给员工提供就业岗位，并让她们获得成长。

为了打造好摄影美学导师这个个人品牌，我持续输入与输出，给 100 位女性拍过写真，出版了摄影文字集《向美而生》，摄影作品被选为知名作家梁实秋、张晓风、雪小禅等老师的书籍的插图，这让我渐渐成为这个领域的专家。

我持续做让自己增值的事情，不仅让自己的时间更值钱，还成了一个能为他人赋能的摄影美学引领者。

2020 年，在创业导师剽悍一只猫老师的建议下，我将个人品牌定位升级为女性个人品牌商业顾问，我把自己这些年在线上打造个人品牌、实现变现的实战经验分享给学员们，让更多人可以通过一技之长在互联网上实现价值变现。

打造个人品牌可以让你的人生得到迭代，让你变得更有人格魅力与影响力。

今日思考

- 梳理一下你打造个人品牌的初衷。

1.2 使命：打造个人品牌就是找到你的人生使命

我有一个学员在微信朋友圈卖手工零食。她问我，如何才能通过打造个人品牌赚更多的钱？她的话语里透着对生活的满满的焦虑，她说自己现在满脑子都是如何挣钱。我问她，卖出去的零食回购率高吗？她回答，基本上没有回购。

我观察了她的朋友圈，图片和文案都很普通。我建议她学习摄影和文案，可以拍出自己做美食时美好的样子，这样更有吸引力。当然，打磨好自己的产品也是关键，毕竟连回购率都为零，很大可能是自己做的零食在口味上或者包装上有待提升。她却十分丧气地说自己因为卖手工零食挣不到什么钱，所以她就没有动力把这件事做好了。

该学员的问题其实也是现在大多数人在打造个人品牌时容易走入的误区——急于变现是唯一的驱动力。

其实，真正富有的人的人生使命都是让自己帮助更多人，而不是把个人利益放在第一位。使命是个人品牌存在的意义，是一个有价值的人骨子里真正坚信的观念。

“帆书”这个品牌已经影响了很多人，人们可以通过听书高效获取书中的知识，将其积极地用于实际生活中。“帆书”创始人樊登做这件事的初衷是因为他通过阅读获得了内心的安宁，提升了自身能力，所以他想通过自己创立的读书会让更多没有时间读书的人也能走进书香世界，获取知识，获得真正的改变。我自己也是“帆书”的受益者，在这个平台听了很多好书，我对樊登老师心存感激，哪怕我们素未谋面。

一个人如果成事的驱动力只是钱，他赚到的只能是快钱、小钱，并且会离人心越来越远。

一个人如果成事的驱动力是想让别人变得更好，想让这个

世界变得更好，哪怕他赚钱的速度慢一些，但是他会赚到大钱，而且会离人心很近。

作为女性个人品牌商业顾问，我的使命就是希望通过自己的文字、课程、直播、书籍、咨询，将我积累的关于打造个人品牌的经验与方法论分享给更多学员，让她们能通过打造个人品牌，提升自己的思维、专业能力、影响力，实现人生的突破，过上富而美的生活。

这些被我帮助过的学员也会用自身的技能和能量去帮助她们身边的那群人。爱与向上的能量永远都会在人与人之间的传递中流动着。

个人品牌塑造者需要通过书籍传递自己的思想，因此，出书是个人品牌打造过程中不容忽视的部分。

30 岁那年，我已经出版了 5 本书，每当有人问我写书能赚多少钱的时候，我只是微笑不语，因为一本书的稿费真的不多，真正靠写书赚钱的都是几十万、上百万、上千万销量的超级畅销书作家，像我这样的普通写作者，更多时候，买书送朋友花的钱比一本书的稿费还多。

那我为什么现在还要坚持每年写一本书呢？

首先，我一直坚信写作是我的天赋与生命的原动力所在，我在做这件事的时候是发自内心地感到快乐的。其次，我希望自己能把一路追梦的故事与一直奋发向上的生命状态通过文字传递给更多人，影响到更多人。

作为一个出生在湘西偏僻小镇的自卑女孩，如今我能有这样的影响力与财富力，都是因为我十年如一日的努力。

当这种努力成为一种习惯，当内心的澄澈成为一种习惯，当利他之心成为一种习惯，每一个平凡人都能实现自我超越。

这些精神内核会深深扎根在我的文字与书籍里，成为一种力量，传递给更多人。

打造个人品牌的底层逻辑是让自己去照亮更多人。当你的专业能力、影响力与人脉升级的时候，财富自然会涌向你。而且这里所指的财富不仅是物质上的财富，还有精神上的财富，后者才是最恒久的驱动力。

今日思考

- 你的人生使命是什么？

1.3 定位：快速找准个人品牌定位的四项准则

我指导过许多学员打造个人品牌，她们在最开始都会卡在找定位这个部分。定位是个人品牌战略的核心与风向标。在打造个人品牌的前期，我们应该花大量时间去分析自己各方面的能力与资源，再来确定个人品牌的定位。

我总结出了四项准则，可以帮助你快速找到个人品牌的定位。

1. 找到你热爱的事情

有些人选的大学专业不一定是自己热爱的，继续完成学业只是为了一纸文凭；有些人选的工作不一定是自己热爱的，继续做了很多年只是为了生活稳定；有些人选的伴侣不一定是自己深爱的，继续做了一辈子夫妻也可能是因为当时的一时冲动与后来身为人父人母的责任……

在人生的路上，我们做的太多选择可能都是与内心背道而驰的，因此，我们很多时候都过得很纠结很痛苦。

打造个人品牌其实是轻创业的开始，一定要忠于自己的内心，去做你真正热爱的事情。只有热爱才能激发你无限的潜能。

我有一个学员叫秦小鱼，她生活在西部的一个四线城市，是当地一名普通在职人员，月薪 4000 元，每天过着朝九晚五、三点一线的生活。她不甘于平庸，2020 年开始跟着我学习打造个人品牌，在我的指导下，她将自己热爱的事情“教别人提升个人形象”当作了自己的定位。基于这个核心定位，她在线上开设了面部塑形课、高阶审美修炼营，带领越来越多的女性一起学习变美。

2020 年 10 月，她专程来湘西的小镇看我，她告诉我，现在她已经可以通过这份热爱的副业轻松实现年入百万了。那一刻，她的眼里绽放着光芒。要知道，一个人既能做自己爱的事情，又能赚钱，过着又富又美的生活，会是多么幸福的事情啊！

所以，亲爱的朋友们，在找定位的初始，你就要先找到你热爱的事情。

2. 找到你擅长的领域

找定位是一个认识自我的过程，你需要确切地了解自己的天赋所在。了解自我，就是清楚自己做什么最能实现自我价值。

擅长的事情就是你的天赋所在。它可以是你所学的专业，

可以是你持续在深耕并且有一定结果的某个领域，也可以是你比别人做起来更加游刃有余的一件事。把自己极有天赋的事情打造成核心专长，会使你行动起来更加充满激情，这是一种非常有效的模式。

打造个人品牌，意味着你要成为某个领域的专家，你可以将自身关于这个领域的技能、知识、信息与经验分享给需要的那群人，只有你足够擅长这件事，才会更有说服力，才会让你的用户信任你。

我的学员李渊源在打造个人品牌之初一直找不到自己的细分领域定位，我与她进行了一对一的语音电话咨询，发现她在写作上有很强的优势，有 10 年的写作积累，已经是河南省作家协会会员，出版过两本书。如果仅仅定位为“写作导师”就会太泛，我继续深挖她的优势，发现她曾参与创作过个人品牌故事的书籍，毕业之后不管是就职杂志社，还是在媒体公司工作，她一直从事的都是撰写人物稿的工作，写过多篇优秀的人物稿。经过一番细致的沟通后，我给她定位为“个人品牌故事撰稿人”。她当时就惊呼，这个定位简直就是为她量身定制的。

找到定位，就找到了方向。我根据她的定位帮她梳理了给“牛人”写个人品牌故事的业务，很快就有十几个“牛人”付费预约请她写个人品牌故事，她还成功招到了个人品牌故事撰写的私教学员，实现了月入 5 位数的收入目标。她现在每天都信心满满，因为打造个人品牌让她看到了人生新的希望。

一个人只有做符合自己天赋的事情，才会游刃有余。找到天赋，你就找到了打造个人品牌的方向。

3. 根据现有资源提炼你的优势

在给自己做个人品牌定位时，要先梳理下自己的人脉、资金、所处环境等各方面的资源优势，根据你当下的资源找到你的优势所在。要量体裁衣，根据自己现有的实际情况去定制自己的定位。

资源分为自身内部的资源与外部大环境的资源。外部大环境的资源优势很重要，比如互联网创业是当下的趋势，那我们就要尽量去做与线上创富相关的轻创业。

近几年，许多人的事业都从线下转型到了线上，也有越来越多的人习惯了通过线上来学习，因此知识付费盛行。此时你如果进入这个赛道，大环境会给你带来一定的优势。

2020 年，经营了 19 年品牌化妆品店的刘爽深感线下门店生意遭受了重创，几度焦虑之后，她决心从线下实体店转型线上。她找到我升级个人品牌的时候，我发现她的优势是表达能力与成交能力很强。我提炼她的优势，帮她定位为“个人品牌商业顾问”，并且给她梳理了高价产品体系。她听话照做，很快招到了多名私教学员，一场发售就实现了6位数的营收，2022年的年营收突破了百万元。

刘爽通过打造个人品牌成功从线下转型到线上，实现了业绩的倍增。如今，她在知识付费这条赛道上，做着自己擅长的事情，活得富足喜悦。她对我充满了感恩，逢年过节都会给我发来她的祝福。她说，是我帮她找到了优势所在，才让她有了方向。

找到优势，你也能在个人品牌之路上走得更快更好。

4. 根据市场需求找到所在行业的某个细分领域

在给自己的个人品牌定位时，一定要找到市场的刚需，这点至关重要。只有打造贴合当下市场需求的自品牌，才能持续吸引更多受众，人脉和财富也将源源不断地向你靠近。

每个行业都有许多分支，你要找到自己所在行业的细分领域，这样你的目标用户会更精准，你才会用更多的时间与精力去深耕这个细分领域，更快做出成绩。

2020年之前，我的个人品牌定位是“手机摄影美学导师”，除了我自己开设手机摄影美学训练营之外，我还邀请了摄影师朋友在我的平台教其他种类的手机摄影课程。

我付出了很多时间去搭建产品体系，不断吸引新的流量，但是我发现不管我怎么努力，年营收都上不去，这让我陷入了焦虑。

后来，我找到了这背后的原因。手机摄影对很多人来说只是一件锦上添花的事情，在他们面对生活重压的时候，根本没有心思去学习手机拍照，所以，我的手机摄影训练营学费只能是低价，再跟平台老师分钱，拿到手的利润就少之又少了。

我意识到，我要解决的问题，一定得是用户的刚需。

2020 年，我的创业导师说，你可以把你在线上如何打造个人品牌的经验教给你的学员，在他的指导下，我升级了自己的个人品牌定位——女性个人品牌商业顾问。并且，他建议我在个人品牌服务的人群中找到了细分领域，就是 25 ～ 45 岁的知识女性群体。

自从我升级了定位之后，找我学习的学员越来越多了，现在我的产品价格最高报价 168000 元 / 年。当你为用户做的是雪中送炭的事情时，就会产生更大的价值。

2020 年年初，我打造了自己的核心产品“菁凌合伙人”，也是现在的菁凌年度会员，基于我的定位，这个产品只招想要打造个人品牌的知识女性。因为足够细分，所以更能吸引到目标用户。短短 4 年时间，我招到了 700 多名菁凌年度会员，这个产品也使我实现了个人品牌势能的提升，营收也得到了大幅度的增长。

以上就是找定位的四项准则，相信它也能帮助你找到属于你的高价值定位。

找定位就是寻找自己的过程，要告诉你的目标用户：我是谁。找到定位后，你会打造出一个让自己具有超强吸引力的个人品牌。

今日思考

- 根据定位四项准则，确定属于你的个人品牌定位。

1.4 市场：为什么市场需求对 IP 定位很重要

2019 年 8 月，我在与好友话梅聊天时得知她当时过得很拮据，经济状况与心情都不是很好。她是一位小说家，可是她却无法靠写作为生，出版的第一本小说并没有带给她多少收入。

彼时她还在自己生活的城市开了一家书店，书店的营收也很不理想。她靠情怀支撑着这家书店的运营。

我翻看了她的朋友圈，发现她一直在健身，朋友圈都是她健身后迷人的美照，并且她还获得了一项国际健美大赛的奖项，她捧着奖杯的样子熠熠生辉。凭着自己对打造个人品牌的敏锐度，我当即就建议她："现在减肥的市场需求这么大，你的个人品牌可以定位为在互联网上教全国各地的学员用健康饮食与合理运动的方式去瘦身，个人标签是瘦身教练话梅。写小说、开书店，在现在这个时代，离市场比较远，需求者毕竟小众，如果你想让影响力与财富更近，就需要做离市场需求更近的事情。当你把瘦身教练这个自品牌越做越好的时候，你依然可以继续写书，那时候你可以写一本如何瘦身的书，可以影响更多的人。当你经济稳定，收入越来越高的时候，依然可以写你热爱的小说。"

话梅听取了我的建议。之后，我给她制定了打造个人品牌的方案，为她规划了训练营产品。她很快在微信上开办了第一期瘦身陪伴营，因为她的流量积淀不够，我就在自己的几万私域流量里为她的产品做宣传推广，很快招到了 100 位学员，帮她实现了个人品牌的快速变现。

自那以后，她每天都能量满满，在朋友圈分享自己瘦身的

图片和视频，分享学员参加瘦身陪伴营之后的蜕变。她不仅改善了自己的生活状况，也帮助更多女性拥有更加健康的生活方式、更加迷人的身材。后来，她还告诉我一个好消息：有出版社的编辑主动找她约书稿，让她写一本健康瘦身的书。

截至2023年1月，话梅21天瘦身陪伴营已经开办了多期，几百名学员因她而变得更好。除了线上训练营产品，她还在线下打造了一家健身馆，线上线下相结合，实现了多渠道增收。刚好我也有瘦身的需求，她就成了我线上的健身教练，这样我在家也能跟着她一起运动。某天，她打电话向我道谢，因为我的建议与一步步指导，她成功打造了个人品牌，拥有了与之前截然不同的生活状态。

在确定个人品牌定位的最初阶段，就要着重考虑你做的事情是否有市场需求，需求大还是小。**市场需求越大，赛道就越大，你能影响的人也会更多，可以施展的空间也会更大，离财富也更近。**

张萌（萌姐）是我的创业导师，在一次课程中她提到在最初打造个人品牌时，她的定位是时间管理专家。她擅长的事情那么多，为什么选择这个定位呢？是因为有一次她去参加新浪微博举办的会议，看到一份年轻人最关注的话题报表，这份报表显示时间管理被更多年轻人关注，所以她结合自己的优势，确定了时间管理专家的定位。有了定位就有了方向，随后，她在喜马拉雅 App 上开设了时间管理课程，出版了关于时间管理的书籍，这些课程和书籍卖得非常火爆，她的影响力也得到了很大的提升。

即使是素人，你也要有信心，因为每个人都能影响到身边同频的那群人。如果你不知道如何根据市场精准定位，我为你准备了几种实用方法，帮你快速找到方向。

1. 在微信指数或者百度指数上搜索和你定位相关的几个关键词，优先考虑指数高的词作为定位的方向

比如，你想定位为成交教练，那你就搜索关键词“成交”“销售”“营销”，看哪个关键词更受欢迎。

2. 发朋友圈做一个问卷调查，收集用户的心声

你可以在问卷中写：自己想在线上开一个付费训练营，哪一个会让你更想跟我学习？下面你就根据自己擅长的事情写出多个选项，如时间管理训练营、成交文案训练营、写作训练营、手机摄影训练营等。也可以设置一些问题，让朋友们写下对你开课的看法与建议。问卷调查的工具可以使用金数据或者麦客。你能够根据问卷调查的结果看出那些喜欢你

的人最想跟你学什么，他们的需求是什么。这样你也会更有方向，对自己更有自信。

3. 通过这些选项倒推出适合你的定位

比如，如果想要跟你学朋友圈成交文案的人比较多，你刚好有写作的积累与优势，就可以先暂时定位为文案教练，一边深耕这个领域，一边计划开一期这方面的低收费公开课，如 9.9 元文案速成课，看看是否真的会有很多朋友来支持你。如果可以，就深耕这个领域；如果不行，就重新选择一个赛道。**我们可以小步试错，因为定位不是定终生，可以随时根据你的情况做调整、优化与升级。**

市场越大，你能帮助的人就会越多，你的用户也会更多。所以，一定要重视市场的需求。

今日思考

- 请认真分析，你定位的个人品牌业务市场需求大吗？

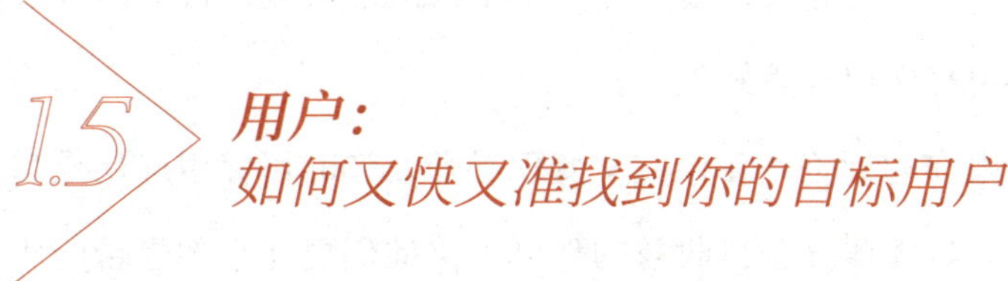

1.5 用户：如何又快又准找到你的目标用户

个人品牌塑造者需要清楚地知道：你是为了谁。也就是说，你需要明确你要吸引的目标用户是谁，哪些人会是你的潜在粉丝。

作为个人 IP 轻创业者，我们需要根据自己的优势、客观的市场环境来选择目标用户。那么如何选择目标用户呢？

1. 找到那些跟你同频、相似的人

我是一个喜欢慢生活、喜欢阅读的文艺女青年，我的粉丝几乎都是跟我同频的一群文艺女青年，年龄大多在 25～45 岁。她们在穿着上大多喜欢穿新中式、棉麻风、民族风的裙子，爱好是看书、插花、喝茶、写作，喜欢田园生活、大自然、旅行，对日常生活充满了热爱。

2. 找到那群对你所在领域感兴趣且能力不及你的人

同样是教写作的老师，如果你的标签是写作美学导师，你的目标用户便是想要通过写作记录生活的那群人，他们的核心需求是用写作记录美好生活。

如果你的标签是自媒体文变现导师，你的目标用户便是想要通过写自媒体文获得收益的那群人，他们更在乎你是否能让他们通过这个技能实现变现，他们的核心需求就是用写作赚钱。

我所在的领域是个人品牌打造，那些想要把自己的价值变现、想要在线上打造个人品牌但能力又不及我的女性就是我的目标用户，她们就会对我的个人品牌相关社群产品感兴趣，继而选择报名。

我的菁凌私教学员格拉说："李菁老师，我平时总喜欢看你的朋友圈或短视频，你现在的生活状态就是我奋斗的动力。"

你要相信，你的用户，其实是你的同类。

你活成了他们梦想中的样子，因此他们才想要靠近你，向你付费学习。他们在你的身上，看到了自己憧憬的未来。

今日思考

- 根据所学，梳理出你的目标用户。

1.6 榜样：对标榜样是 IP 快速崛起的风向标

在明确自身个人品牌定位后，就要积极寻找与自身目标及市场定位相一致的人，并且努力寻找所在领域的佼佼者，把对方当作自己的榜样。

可以列一个表格，把你所在领域头部的那几位大咖的名字列出来，制作一份榜样分析表。这些大咖的优势、劣势、性别、活跃的平台、自我介绍、课程矩阵等，都需要在这份分析表中一一列出来。通过这样一份榜样分析表，你可以从优势中挖掘出他们各自的绝招，从劣势中找到他们的弱点，你可以在这个分析表的基础上思考自己与这些榜样的差异是什么？有什么是你具备而他们没有的？这就是你独特的差异性，也是你可以在这个领域找到突破口的方向。

2016 年，我开始打造手机摄影美学导师这个标签，我把手机摄影领域的头部大咖卷毛佟老师、杨精坤老师当作我的榜样人物。卷毛佟老师和杨精坤老师都是男性，而我作为女性就可以去找女性市场。卷毛佟老师在抖音上起步很早，通过大量输出积累了几百万粉丝。杨精坤老师在公众号起步较早，通过持续输出手机摄影优质内容，微信公众号收获了几十万粉丝。抖音与微信公众号都不是我的优势，但个人微信是，这些年我积累了一定的私域流量，所以我主要打造自己的私域。

卷毛佟老师、杨精坤老师这两位手机摄影大咖的手机摄影课主要着重讲手机摄影技巧。作为男性，他们更加理性，逻辑性强，所以我在研发自己的手机摄影课时就将美学的概念融入进去，偏向文艺与感性。我的定位是手机摄影美学导师，核心课程是手机摄影美学课程，我会在课程的内容里加入一部分美学的知识点，也会给学员推荐文艺电影与书籍，这就是我的优势与差异性所在。

这两位老师都已出版了手机摄影专业技巧类书籍。为了突出自己的优势，我出版了一本摄影文字集《向美而生》，这本书没有讲拍摄干货，而是将我拍摄照片背后的故事分享给读者朋友，用美文美图的方式来记录生活。所以，我借这本书告诉我的读者们：我是美的记录者。这样，想要通过摄影美学记录生活、让自己沉浸在美好生活状态的女性就会成为我的目标用户。

2016 年 6 月，我刚进入线上手机教学领域，学习了当时互联网上可以买到的所有手机摄影课程，加入了杨精坤老师的手机摄影班，彼时他是我的超级榜样。

到 2020 年 4 月，4 年间，我从一个人单枪匹马打造个人品牌，到创立了自己的摄影线上教学平台“李菁摄影梦想学院”，除了我自己授课外，我还签约了多名摄影专家成为我们平台的讲师。我的手机摄影美学班学员越来越多，第十期课程的学员多达 500 人，这显著提升了我的影响力，我的收入也实现了成倍增长。

2021 年，杨精坤老师找到我，希望入驻我的“李菁摄影梦想学院”教授手机短视频课程。我无比兴奋，这是对我这几年付出的最佳认可，因为我把自己的个人品牌做大做强了，所以才会吸引我曾经的榜样成为我的合作伙伴，彼此赋能。

杨老师在我们平台的第一次手机短视频课，我招募了 200 多名学员来参加。学员的体验很好，他也特别高兴。我从他的教学辅导中也学到了很多经验。从仰慕者到合作伙伴，我用了 4 年多时间。

之后，我升级了自己的个人品牌定位，将它定位为女性个人品牌商业顾问，我又用了相同的方法，把个人品牌打造领域的几位顶尖级导师当作我的榜样，并且付费学习。在老师们的帮助下，我逐渐找到了自己的差异化，并且走出了自己的一条路。

在打造个人品牌的过程中，寻找 1 ～ 5 个榜样是非常有帮

助的。俗话说“榜样的力量是无穷的”，把已经在该领域取得结果的人当作榜样，以愿导行，你的个人品牌创富之路也会越来越顺畅。

你要相信，此刻，他们是你的榜样。未来，你会成为更多人的榜样。

今日思考

- 找到你所在领域的榜样，并制作一份榜样分析表。

1.7 迭代：升级个人品牌定位的时机与策略

很多人心中或许会有这样的疑惑：个人品牌定位确定之后就需要在这一领域持续深耕，那么这是不是意味着定位就不能改变了？

答案是否定的。我们可以根据需要调整或升级自己的个人品牌赛道。促使我们升级赛道的原因有：

- 目前的定位已经到了瓶颈期，无法突破；
- 目前的定位离钱离市场很远，无法带给你更多的收入；
- 你已经做到该领域的头部，想要再换一个有所积淀的领域进一步提升自己；
- 顺势而为。

我之前的定位是手机摄影美学导师，后来升级了自己的赛道，成为女性个人品牌商业顾问，这个转型源于一位老师的指点，他就是剽悍一只猫，我们都称呼他猫叔。2020 年年初，我在运营时间创富训练营，教女性在互联网时代打造个人品牌，实现创富。当时我有很多顾虑，因为我一直以过美好的慢生活被人所熟悉，大家都认为我擅长教人摄影，如果突然改变方向，教人创富，总觉得离钱近了，但是离美远了。

彼时我刚好加入剽悍品牌特训营，这个社群很贵，一年的学费就是 5 位数。但是我毫不犹豫就报名了，因为这个社群的灵魂人物是猫叔，他很有影响力，是社群商业战略专家、樊登读书首席社群顾问，拥有百万粉丝。我相信在我追梦的路上，他能助我一臂之力。

在一次剽悍品牌特训营的答疑中，我说出了心中的顾虑——不敢教别人创富。猫叔说了一段话，我至今记忆犹新，他说："美好的生活不是什么都不要，而是'双富有'，即精神富有与物质富有。你已经用美图、美文、美的生活状态打造了自己的个人品牌，实现了理想生活，你就可以用你的专业能力与创富经验教更多女性通过打造个人品牌创富，实现理想生活。"他建议我可以将定位升级为女性个人品牌顾问，让自己拥有三重身份：超级作者、超级专家、超级群主。他还为我提了一句话："什么是活得美，是既优雅又繁华。"

猫叔的话让我有了醍醐灌顶之感，他给了我莫大的鼓励，让我有了更大的勇气与动力去走上女性个人品牌顾问这条路，致力于帮助更多女性在互联网时代通过打造个人品牌过上又富裕又美好的生活。我希望自己有一天也能像猫叔一样，用自己的书籍、演讲、课程影响众多渴望突破自己的人，把自己活成一束光，照亮更多人。

猫叔让我知道，当我用 5 年时间通过手机摄影美学导师这个个人品牌在互联网上实现了兴趣变现，就已经在无形中积累了打造个人品牌的实战经验，我也能把自己的经验与理论结合，帮助更多女性打造个人品牌。

自从定位升级后，我的能力、人脉资源都得到了提升，我能够帮助到的人也更多了。有上千名女性通过我的课程或咨询，找到了打造个人品牌的方向和方法，改变了自己的人生状态和轨迹。我总能收到她们的留言和对我发自肺腑的感激，这也是我持续做女性成长赋能平台的动力之一。

定位手机摄影美学导师的时候，我的手机摄影训练营课程产品定价只有一个，即 899 元，想再提价就变得很难，因为手机摄影对于很多人来说是锦上添花的事情，并非刚需。但是帮助学员打造个人品牌不一样，很多处于人生迷茫阶段的学员真的会因为你的一句话，或者一段时间的辅导从而找到方向，打磨出自己的产品，提升影响力，实现价值变现。这是从 0 到 1 的蜕变，可以改变一个人的生命状态。

自从我将个人品牌升级为个人商业顾问后，我将高端付费社群“菁凌女性个人品牌商学苑”直接定价为 9800 元 / 年。我原以为这么高的价格报名者将寥寥无几，但出乎我意料的是，这 4 年竟然有 700 多位朋友报名，她们加入的初衷都是希望靠近我，得到我的帮助，一边过美好的慢生活，一边拥有商业思维，拓宽自己的线上事业与升级自己的个人品牌。

我希望通过这个高端付费社群让更多女性找到打造个人品牌的商业模式，实现价值变现。

商业的本质其实就是价值的交换，当你能为别人提供更大价值时，你会被更多人需要，你的时间也会变得更值钱。

李笑来曾经说过：“在未来十年，个人品牌升值会比房产升值快十倍。”由此可见，打造个人品牌对于一个想要实现阶层跨越、过上美好生活的人来说，有多么重要。

亲爱的朋友，先选择一个适合自己的赛道，然后就出发。上路之后就不要迷茫、焦虑、左顾右盼，带着长期主义的思维聚焦于走好眼前的路。有一天你会发现，你已经有足够的底气升级自己的赛道，那时，你定会看到新的人生景致。

今日思考

- 目前的你是否需要升级个人品牌定位？如何找到自己的高价值定位？

第 2 章

内容力

个人 IP 打造爆款内容的策略与方法

2.1 展示：朋友圈内容的发布策略与准则

优质的朋友圈既美又吸金，价值百万，接下来分享的是朋友圈内容的发布准则。

1. 朋友圈查阅权限

能加我们微信的人，一定是因为某种原因通过我们确认的人。而我们能加到其他人的微信，也是获得了对方的确认。这个确认的过程，本身就能增强信任。所以，经营朋友圈的第一法则就是：开放朋友圈查阅权限。

既然要打造个人品牌就要展示自己、传播自己，就要让更多人看到自己。所以朋友圈最好设置为“允许陌生人查看十条朋友圈”，不要设置为“陌生人不可见”，或者好友仅“三天可见”“一个月可见”“半年可见”，这样不利于个人品牌的传播和知名度的提升。

2. 发布频率和时间

虽然说提升朋友圈的曝光度有利于个人品牌的传播，但是也不要太频繁地在朋友圈发布内容，因为这样很容易给人留下刷屏的印象，甚至可能被人厌烦而被屏蔽。

发朋友圈的频率要匹配大众的作息规律，一天发四次左右为宜。发朋友圈的时间也很重要，早上 8 点左右，大家在通勤路上都会习惯性地刷手机，在该时间段发朋友圈被看到的概率很大；中午 11 点～13 点，人们在等饭、吃饭或路上时会习惯性看微信；接下来是 17 点～19 点，下班路上也是刷朋友圈的高峰期；最后是 20 点～22 点，此时人们通常处于休闲状态，有时间在朋友圈互动，此时发朋友圈的效果很好。

3. 打造杂志化的朋友圈

朋友圈就像一本杂志，要有符合这本杂志的调性、主题，然后围绕它们制作有价值、有趣、有品的内容。

打造杂志化朋友圈的秘诀是什么呢？现在是注意力时代、眼球时代，你发的视频、图片、文字内容等都是你的品牌化身，所以最好修饰一下。

现在手机修图 App 操作简单，我们可以通过这些 App 给照片美化，如提亮、裁剪尺寸、调色、添加滤镜等，也可以给人像照片美容，如美妆、瘦脸、增高、祛痘等，还可以加上文字、贴纸、边框，让图片更加生动有趣。

我自己常用的手机修图软件有美图秀秀、轻颜相机、醒图、Foodie，美图秀秀擅长修人像，轻颜相机是女生自拍的神器，醒图的滤镜很文艺，Foodie 运用于给美食修图。

2023 年的春天，我和爱人在三亚旅居，朋友圈每次发旅居日常的内容，点赞量都很多，因为我每次发这些照片的时候都会精心修图，这样微信好友看到时也会觉得赏心悦目。

李菁

#菁凌三亚旅行办公

对于旅居来说，吃饭也是头等大事，偶尔可以去外面的餐厅品尝特色海鲜，但是如果天天在外面吃，还是对身体不好。

我和闫闫结婚5年，婚后一直是请大厨给我们做饭，我和闫闫都不会做饭。

惊喜的是，这次旅居三亚他决定给我做美食了。

在三亚旅居的这段时间，我和他会经常去附近的超市或者菜市场买菜，他会很用心地选择食材。我们总是会把购物车装满。他拉着购物车往前走的时候，我发现他的背影又多了份温情。

闫闫上次做饭还是十年前，所以每做一道菜之前都会上网查这道菜的具体做法。

他真的很有做饭的天赋，虽是厨房新手，但是每道菜都很美味。

我的任务就是把菜吃光。

吃完饭，闫闫会洗碗，收拾厨房，什么都不让我操心。

妈妈说，我们的婚姻生活因为一蔬一饭也更有烟火气了。

李菁
#菁凌三亚旅居办公

33年，第一次没有在老家陪爸妈过年，刚给爸妈打视频电话，祝福他们新年快乐

爸妈说，你身体健康，过得快乐，就是最好的礼物

傍晚和闫闫在酒店吃年夜饭，都是海南的特色菜：花旗参汤、清蒸石斑鱼、白灼深海大白虾、白切文昌鸡、年糕、饺子，太美味了

没有吃完，打包回来，明天继续吃

祝福朋友们新年快乐呀

李菁

#菁凌三亚旅居办公

我们去的地方是三亚最大的超市旺豪超市（胜利购物广场店），准备购置一些生活所需。

闫闫把提前买来手拉式的购物车拿了出来，他说，这样就不至于手上的重物太多。他总能想到很多生活里的小妙招。

坐上出租车，闫闫与司机热络地聊着，我看着车窗外疏忽掠过的景象。车路两旁种了许多椰子树，高大挺拔，树上挂着圆滚滚的椰子，椰子树的绿，让人感到了一派欣欣向荣。

到了购物广场，我们先去一家海鲜餐厅吃午饭。我们也想尝尝正宗的海鲜，点了蒜蓉大龙虾、白灼虾、炖鱼豆腐，野菜包，闫闫很喜欢吃海鲜，在湖南几百元一盘的大龙虾，在这里只要100多元，很划算。

闫闫一个人吃完了一整只大龙虾和一盘白灼虾，大快朵颐。我因为身体原因海鲜吃得很少，他就剥好了一只虾让我品尝下。

对于我来说，更喜欢吃野菜包。虽然我生在湖南，但是因为奶奶是天津人，所有还是会有遗传，很喜欢吃面食。

现在的朋友圈可以直接发视频，建议你在发布前，先用视频剪辑软件进行美化，如添加背景音乐、滤镜、文字等，推荐的手机短视频剪辑软件有剪映、COOL VUE 视频剪辑等。

4. 输出有温度的文案

好的朋友圈一定要配上有温度的文案，好的文案会引人共鸣，让他人有同频感。我的每一条朋友圈文案都会用心编辑。要相信你的真诚能体现在字里行间里。

但是巧妇难为无米之炊，因此平时要多阅读多积累，这样分享朋友圈的时候才有内容可以输出。如果你在写文案的时候没有灵感，也可以从一些美句类手机软件上找一些灵感，推荐句子控、句读，我自己也经常使用。

5. 发对他人有价值的内容

别人关注你，是因为你对他有帮助。所以你可以多发一些干货，让别人感受到你对他的价值。

推荐优秀的人也是有价值的干货，特别是在这个人脉即资源的时代。当然，你也可以推荐好书、好电影、好文章、好课程。分享才能带来更多连接。

6. 优雅的广告

朋友圈不是不能打广告，而是不能生硬地打广告。

我们可以把产品与情景结合起来，拍摄精美的产品图，精心编写产品文案。同样是拍一款产品，有人把产品放在美好的情景中去拍，而有人随手一拍；有人的文案是纯吆喝式地直白地叫卖，而有人会组织语言，以更深入人心的软文带出产品。方式不同，效果自然不同。

7. 用户成交展示

个人 IP 在发朋友圈的时候为了让更多人买自己的产品，习惯于发用户转账来展示成交。

晒成交记录确实有一些好处，首先它可以证明你的课程得到了认可，有很多用户下单。其次，大多数人都有一种从众心理，看到别人下单，心里就会跃跃欲试。当用户对产品有了一定了解、有意向成交时，这时就要给用户一个马上行动的理由。

但是笔者认为，我们并不需要直接发转账截图，因为这种在金钱刺激下引发用户下单的动作，只会吸引来一群急于想要变现的人。我们可以换一种形式，比如可以做一张入学海报，把付费报名的学员照片展示在海报上，这样既能体现出你的产品受到很多人的喜欢，也是一种仪式感，能够让已报名的学员心理上得到重视与满足。

在完整的限时特惠活动中，要随时发布课程的销售进度，比如“2 天销售 200 份”这类销售战绩海报，这也能提高产品的销售量。

今日思考

- 检查你的朋友圈，是否符合本章提到的“发圈准则”？

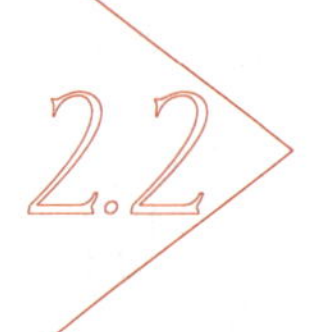

2.2 美学：如何打造出充满美感的朋友圈

普通人发朋友圈是为了消遣，想发什么就发什么，这无可厚非。但是，想打造美学朋友圈的朋友这样做就不行了，我们需要打造高价值的朋友圈内容。那么什么样的内容是高价值的呢？

1. 金句图

平时我们可以积累一些自己的感想将其变成金句，把它保存下来，随后配上自己的美照，生成金句卡片发朋友圈。如果有微信好友喜欢，他就会直接转发这张图，因此这张图下面要放上自己的二维码。

推荐使用“图曰”App，金句加上一张美图，就可以做出属于你自己的金句卡片。我会持续在朋友圈发“每日菁句”，用自己的摄影作品当底图，用自己文章里的句子当金句，然后留下自己公众号的二维码。很多朋友喜欢这些图文就转发到了自己的朋友圈，我的微信列表因此又增加了很多人。

2. 定小主题

想要打造个人品牌，还应该在朋友圈输出与定位相关的优质内容，可以专门起一个小主题的名字，打上标签，持续输出，以此获得更多用户对你的信任。比如，我的朋友兰溪的定位是图书编辑，她的朋友圈就有一个小主题——兰溪聊出版。比如，我的个人品牌定位是女性个人品牌商业顾问，我的朋友圈就有一个小主题——李菁说个人品牌。

这时，你就要问问自己：我的个人 IP 定位是什么？当你确定下来之后，就要持续地在朋友圈输出你的价值。持续发朋友圈有一个好处，那就是别人需要的时候就会马上想起你。

我经常在朋友圈发我对个人品牌这个赛道的思考，如果是我朋友圈里想学习如何打造个人品牌的女性朋友有这个需求，她马上就会想到我。

#李菁说个人品牌

个人品牌轻创业想要成功，首先要解决一个核心的问题，就是帮助他人，你可以通过什么能力解决用户的什么问题，从而帮助到他，并且这件事情也是你热爱的，这是你需要深度思考的事情。

创业之初，我帮助女性，通过一部手机记录自己的生活。我创造的价值，对于很多用户来说，是生活中的锦上添花。

因此在创业的过程中，遇到许多困境与阻碍，业绩增长缓慢。

几年后我遇到贵人指路，升级赛道，聚焦帮助女性通过价值与知识变现，身心合一去创业。

这时候我帮助用户解决的问题，是雪中送炭。

我们创造了更大的价值，也因此找到了企业增量价值的秘密。

如果你想通过自己做的事情获取更大的财富与成就感，就要问问自己这件事情对用户来说是锦上添花还是雪中送炭，这个尤为重要。

如今我和我的爱人作为数字游民，实现了自由的旅居办公生活，觉得很幸福。

平时在湖南，冬天在海南，夏天在云南，也会去到各个不同的地方拜访高人，去看山川湖海，每天带着新的诗意灵感与感性思维穿梭在理性的商业世界中，不会感到焦虑与疲惫，而是会深深感受到做这件事情，产生的巨大价值。

有时候你活着，给这个世界带来爱、美好、信心与希望，就是一种莫大的力量。

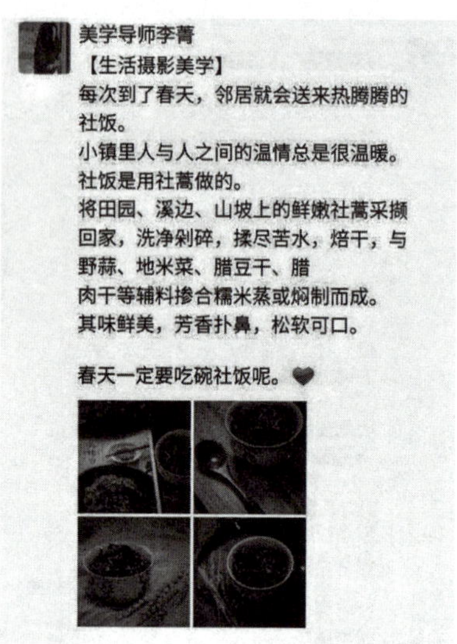

3. 日常发帖

在朋友圈展示自己的生活可以让我们的形象更加鲜活、饱满，更有亲近感。截取美好的日常小确幸，精心编排文字和图片。在发图的时候，为了美观，尽量做到发 9 张图、4 张图、2 张图，至少发 1 张图。这样微信好友在浏览时会觉得排序井然有序。

4. 朋友圈发视频

5G 时代已经到来，视频内容传播正处于风口，当众人还在清一色发图文的时候，你的优质视频就会脱颖而出。视频时长最好是 20 秒左右，如果拍的时间有点长，可以分几次发布。

当朋友看到你的生活状态，感叹原来生活可以这样美，原来朋友圈可以这样发，就会对你印象深刻，甚至也想要这样做，想要将自己的美好生活也分享给别人——“你看这个做得好棒。我也想要这样分享。”我们要用心地为自己制造一些这样优质的内容，让更多人看到。

微信视频号很火，我也经营起了自己的视频号账号“遇见李菁”，专门分享我的理想生活 Vlog。每次在视频号发布了短视频后，我就会把视频分享到朋友圈，以此获得更多朋友的关注与点赞。为了能得到更多人的评论和推荐，我还会发起选评论区幸运朋友送书的活动。

李菁

读者芊墨说：这次的海南风视频，让我们看到了一个独具南洋风情的海口城市，非常有情调。有时真像在看一部民国风电影，让人有穿越之感，令人回味

视频号 · 遇见李菁

2023年4月9日 18:45

李菁 2023年4月9日 18:45

为了感谢朋友们的支持，只要点赞并评论这条视频，我们将会选出15名评论用心的幸运朋友送出精选的好书一本，并且会加入到【遇见李菁短视频陪伴天使VIP群】

5. 不吝分享，便能收获更多美好

有这样一句话：每个人都要学会分享，富人要学会分享财富，穷人要学会分享经验。

无论是物质、经验还是梦想，越分享，生命的回报就越丰厚，这是分享的意义，也是分享的秘密。我发朋友圈的频率非常高，我会分享我看过的好书、好电影，分享我的思考、总结……因此我收获了很多与我同样热爱生活、积极思考的朋友，也收获了一群兴趣相投的粉丝，形成了一个分享圈。

摄影美学导师李菁

给朋友们推荐一部最近看过的最美的电影《日日是好日》。
每年都做同样的事情，也是一种幸福。
珍惜当下，日日是好日呀。

6. 朋友圈要给足他人安全感

我们经常会看到有人把与某人的微信聊天截图发在朋友

圈，转账截图发在朋友圈。

其实，出于礼貌，我们应该先征求对方的同意再发在朋友圈。如果可以，我们可以在发了对话截图的朋友圈评论区写上，该条朋友圈已经过某某同意。这样会让你的好友们觉得跟你相处很安全、很舒服。

今日思考

- 给自己的微信朋友圈定一个符合自身定位的小主题。

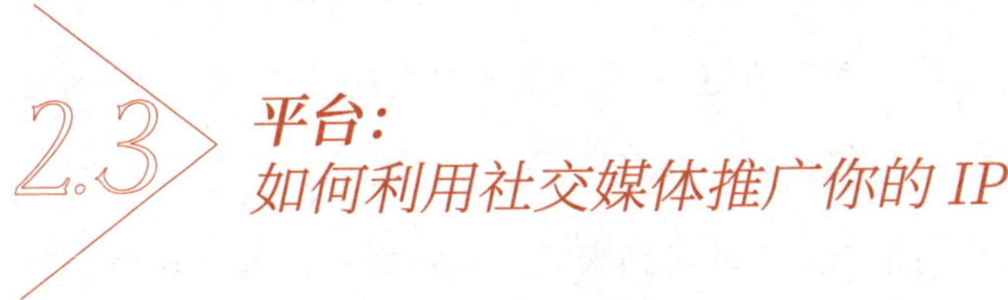

2.3 平台：如何利用社交媒体推广你的 IP

你如果希望在社交媒体上打造个人品牌，找到自身存在的价值，并且希望能引领他人，那么你需要学会利用社交媒体推广自己。

1. 主攻一个适合自己的平台，多平台分发内容

我们需要找到一个适合自己的平台，去持续输出自己的优质内容。

我从 2014 年就开始运营“遇见李菁”这个写作公众号，10 年来坚持日更，积累了 9.5 万种子粉丝。2023 年，我申请了多个平台账号，如微博长文、今日头条、简书等平台，都起名为“遇见李菁”，根据每个平台的风格将这几年发布在公众号的文章发布在各平台上。

我们要顺势而为，熟练掌握热门且流量高的社交媒体，如微信、抖音、微博等，同时紧跟前沿趋势，这是我们走在时代前列的重要秘诀。

2020 年 3 月，微信视频号兴起，我第一时间申请了个人视频号“遇见李菁”，这一年，我几乎是花了 70% 的时间来创作短视频。在那以前，我是一个文字创作者，习惯用文字去抒发情感，但是当 5G 时代到来时，我告诉自己要尽快调整自己的角色，争取早日成为一名优秀的短视频博主。其实只是呈现的形式变了而已，我依然是一名内容创作者。

当我全力以赴投入到视频号赛道后，我渐渐取得了很多成

绩，也被更多人所熟知。2020 年 7 月到 10 月，经过 3 个月的努力，我带着自己的团队日更视频号，粉丝终于破万。在这个过程中，我创作了十几条超 10 万浏览量的短视频。

《28 岁女作家在湘西千年古镇开了一家充满美意的民宿》这条视频获得了 100 万浏览量的好成绩，仅仅是这条视频就为我带来了几千个粉丝，也让我实现了破圈。我将这个视频分发到了抖音号“遇见李菁”上面，也获得了 35 万的浏览量，这条视频为我的抖音号带来了上万关注。

现在，我的视频号“遇见李菁”已经有 3.9 万粉丝，创作了上百条优质短视频，我会将这些短视频分发到多个平台，如抖音、快手、小红书、B 站等。

微信能为我们带来更多私域流量，让我们能更快实现 IP 变现，所以我们应主攻微信生态的各个平台，同时多平台分发可以增加我们的影响力。

2. 打磨好优质内容，是推广自己的关键

视频号火起来之后，在抖音与微博上很火的李子柒、房琪，她们把视频内容分发到视频号，照样获得了极高的浏览量。为什么不管在哪个平台她们都能火？是因为她们输出的内容足够精彩、足够吸引人。

打磨好你的优质内容，才是你在社交媒体推广自己的关键。

我现在对自己的要求是日更视频号，虽然更新快，但质量不会打折。发布出来的视频一定是我用心打磨的优质视频。因为视频号其实是沉淀自己作品的一个平台，你不知道哪一天某个关注者会因为你的某条视频而对你产生兴趣，然后点开主页去浏览你更多的作品。你的优质内容越多，对方就越可能被吸引继续浏览，进而被你的人格魅力吸引，成为你的粉丝，甚至添加你的微信成为你的付费用户。

如果你能将自身的优质内容与强大的社交媒体能力结合起来，就能创造更大的影响力与更多的财富。

今日思考

- 你可以借鉴我发在视频号“遇见李菁”里的视频《一个不服输女孩奋斗的十年》，去创作一条属于你的个人故事的短视频。

2.4 声音：好声音能给你的个人品牌加分

我给自己拍的短视频录音，很多朋友都说我的声音变化很大，声音更加饱满了，听起来很治愈。也有许多学员在听了我的线上课程之后告诉我，因为我甜美的声音，她们更爱听我的课了，可以反复听很多遍也不觉得腻。

这让我觉得很振奋很惊喜。你知道吗？我曾经因为自己的娃娃音感到特别自卑。声音一直是我的弱项，可是当我迎难而上去学习去练习之后，我反而将声音塑造成了我的优势，我的娃娃音不再那么讨人厌，而是变成了我独特的特质——亲和、治愈。

作为个人品牌创业者，声音就是一张隐形的名片，在上课时、直播时、演讲时、与人沟通时，好声音能为你加分很多，你的好声音会让别人更加信任你、喜欢你。就像可以通过锻炼拥有马甲线一样，好声音其实是可以训练出来的，只要你足够有毅力，你可以练出你独有的好声音。

你是不是也在为自己的声音感到自卑、困扰呢？在这里我给你们几点建议。

1. 不要自卑

我见过有很多人因为自己的声音不好听，不敢与人多说话，不敢在公开场合发表自己的观点，这都是自卑心理在作祟。其实我们完全可以让自己放下心中的胆怯，自信地说每句话。

你要在心里告诉自己：“我很棒，我的声音是好听的，是有感染力的。”这种正向心念很强大，你要相信信念的力量。每句话都倾注自己的感情，对方在听的时候感受到的也会是你的爱。

教你一个好方法，就是学会微笑着说话，这会让你的声音更有温度。

2. 付费向老师学习

我参加过声音训练营，在训练营中发现了自己在声音上的许多不足，如分不清普通话中的边音和鼻音、说话气息弱、没有节奏感等，老师在课程中给了我很大的帮助。

后来我又花了高学费找到了一名声音私教老师——莘茹老师，她用微信视频的方式，一对一教学给我上了十几堂课，每堂课都有一个多小时。老师找到了我在声音上的不足，用专业的方法纠正了我在普通话上的缺陷。她还针对演讲、播读、直播等不同情况在声音的表达方面教给了我很多方法，我也感受到了自己在声音上有了很大突破。

如果你平时很忙，若经济条件允许，一对一的声音私教会更适合你；若经济条件不允许，你可以付费报名参加一些声音课程，可以在这些课程中学习发音的正确方法。舍得为自己投资，你的好声音会在日后为你赚回更多。

经过莘茹老师的指导，我的声音变得更有气场更好听，我自己很受益，所以我就邀请她来我们菁凌研习社开设了一门课程“好声音变现课”，只需要几十元，很便宜。

如果你想知道自己的普通话有哪些地方不标准，自己的声音有哪些不足，应该如何针对自己现有的问题去改善，可以找我们菁凌研习社的金牌声音教练晶晶做一对一声音诊断咨询，这对你的帮助也会很大。

3. 多听多练习

找到一个你非常喜欢的声音，一遍一遍地听、模仿，大量练习，你会慢慢找到发出好声音的奥秘所在。在听的过程中，学会分析，掌握声音里的节奏感、强弱关系、语感等很重要。

个人品牌创业者需要讲课、做一对一咨询，用嗓子的时候

很多，建议你学会用腹式呼吸法发音，这样你的嗓子就不会太累，并且你的声音也会更饱满更圆润。想要拥有好声音，可以先从纠正普通话开始，因为普通话不标准会很直观地影响到听众的感受。

我很喜欢看好朋友李赛男的视频号，因为她的声音真的太好听了，她的声音就是她的优势所在，让她更容易被更多人记住。大家听到她的声音，就会情不自禁地停下来去听。

亲爱的朋友们，只要你行动起来，拥有迷人的好声音就是自然而然的事情了。

今日思考

- 请分析一下自己在声音方面的优势与不足。如果要改善自己的声音，你会做哪些努力？

文案：写出爆款短视频文案的底层逻辑

1. 根据个人品牌的定位做选题

如果你是一个手机摄影爱好者，你的视频号内容就要着重分享摄影技巧、你的摄影作品，或者推荐一些对摄影有帮助的电影，即一切都是围绕摄影选题，这是根据你的个人品牌定位来选择的。

再比如，你的定位是和阅读相关，你自己也想做阅读陪伴营或者训练营，那你可以每天在视频号上通过短视频分享一本好书，或者讲一下这本书背后的故事、你读了这本书后的收获，让大家觉得你足够专业。

我有两个视频号账号，一个是“手机摄影美学导师李菁”，一个是“遇见李菁”。

我在“手机摄影美学导师李菁”视频号上分享我的摄影作品或摄影技巧。

我在“遇见李菁”视频号上分享的是我的生活状态，我希望观众在看视频时收获治愈，她们通过视频看到有这样一个女孩，远离了大城市，回到了自己的家乡——湘西的一个千年古镇，过着这样美好的慢生活。同时她又是接地气的，她的生活不是每天踩在云端里的那种生活，她还会在互联网上创业。看到这些视频，观众会觉得振奋或者看到希望，这样一个普通女孩能够通过自己的努力过上想要的理想生活，那么只要她去做她也可以。

因此，要根据自己的人设、价值观和定位确定自己的选题方向。

2. 打造爆款短视频可以先从模仿开始

2020 年 12 月 20 日，我发布了一个短视频，主题是“一个不服输女孩奋斗的十年”。这个选题我策划了约半个月，因为彼时我看到有一个大咖在生日那天发了这条视频，播放量很高，点赞量超 10 万，所以我觉得这是一个爆款选题。

我花了半个月找小时候的照片、初中的照片、大学的照片，把这些素材积累起来。我小时候生活在一个偏远小镇，当时听到最多的一句话就是读书改变命运，所以我努力读书考上了大学，读了研究生，毕业后又去了大学教书。但是我不甘于平庸，辞职后回到了小镇继续创业，创办了我的线上教育平台摄影梦想学院、女性创想学院，在线下又打造了一家很诗意很美的民宿。这是我的成长故事线，我希望大家能看到我逆袭的过程。

逆袭的故事很吸引人，是因为普通大众最多，很多人出身平庸或者家庭拮据，但是通过自己的努力、奋斗获得了现在非常美好的生活。别人看到后很容易联想到：我的情况与她的相似，她能做到我也能做到。

所以“一个不服输女孩奋斗的十年”这种逆袭的选题特别好，你也可以做一条类似的视频，将内容换成你自己的即可。

3. 用自己的故事打造有吸引力的人设

什么样的故事、选题会打动别人，引起共鸣？

亲情故事是个比较好的短视频选题。我一个星期会回家两次，陪伴父母吃饭，每次离家时双亲都会一起送我出来，目送我慢慢走远直到消失在他们的视线里。父母是一直会等我回家吃饭的人，他们对我的爱让我内心很有触动，于是我将我切身的体验作为选题拍摄了视频。这条视频也吸引了很多人。

爱情的选题也很受欢迎。我经常在视频号上分享我的爱情故事，相关视频的浏览量都很高。观众对爱情话题很感兴趣，他们看到我和环球旅行家老公在一起之后的生活就会点进来，如果这个视频打动了他们，他们就会持续地关注或是给这个视频点赞。

我也会在视频号里分享友情故事。比如，我和我的超级闺蜜艳姐的故事。我和艳姐之间的友情已经长达十几年了，我们之间发生了很多故事。很多人有自己的闺蜜，这个选题容易引起女性的共鸣，她会想要不要把视频发给闺蜜看，或者要不要也做一条类似的视频送给自己的闺蜜。

亲情、爱情、友情故事之所以是比较好的选题，是因为在视频里你用真诚的故事、动人的情感去撩拨更多的人，更容易打动人心。

然后，通过这些故事，你想要打造怎样有吸引力的人设？在视频里，你可以呈现自己从无到有这一逆袭的过程，别人看了会想：你以前也很普通，现在做得这么好，如果跟着你学习，是不是也会变得这样好？

比如，我在视频号里呈现的是：我已经找到了我的灵魂伴侣、我和灵魂伴侣是如何相处的；我在 30 岁那年实现了自己理想的人生状态——经济独立，拥有美好的婚姻、幸福的生活，又可以做自己热爱的事业……我也会在视频号里分享我是如何做到的，观众会被我这种理想的状态所吸引，所以会持续关注我的视频号。

亲情、爱情、友情、励志类型的短视频的核心在于找到不同粉丝的触动点，触发粉丝内心的真情实感，引起他们的共鸣。短视频要具备“感知、感悟、感动”三点，要让别人能通过视频知道自己在同样的境遇中应该如何面对，从而引导粉丝的行动。

此外，短视频内容还可以以治愈为核心主题，通过传递温暖和正能量，让粉丝在观看视频时产生幸福感，从而带动用户的情绪，实现用户转化。视频文案要抓住粉丝愿意为之买单的“触点”，这些触点通常都来源于日常生活中的点滴细节。

4. 让用户产生共鸣

要有用户思维。现在是内容为王的时代，别人为什么愿意关注我们的视频号、公众号、朋友圈？因为你的内容能给他带来价值。

在做视频号时，我们要思考选题对用户是否有价值。有一条特别火爆的视频，其主题文案是“如果你有女儿一定要转发给她，让她学会保护自己、珍爱自己”。这个视频讲到了教育女孩的价值观、女孩要怎么保护自己等内容，如果你有女儿你会不会转发给她看，或者点赞呢？很多人愿意去点赞，是因为内容击中了他的心，觉得视频里讲的话正是他想对女儿讲的话。

这个创作者在分享成功经验的时候提到了一个观点：做视频号，出爆款比日更更有价值。她大多数的粉丝都是通过某几

条爆款视频吸引来的。所以，你一定要花时间去打造自己的爆款视频。

以我为例，我有一个很火爆的视频是关于民宿的，有 100 万的浏览量。那条视频给我带来了八九千个用户，该条视频在抖音发布时也吸引了约 8000 个用户，他们成了我的粉丝。

由此可见，爆款视频真的很重要。如果你缺乏这种用户思维，只是一味闷头创作，是很难吸引他们的。

5. 为用户提供价值

我有个朋友的视频号有这样一个爆款选题：4 个冷门超实用的网站。

它为什么会爆？是因为该条视频能为观众提供价值，用户看了之后会收藏起来，或者分享给别人看。另外，用户看到这些网站也会持续地关注这个视频号博主，想知道这个视频号博主之后会更新什么样的视频，会提供什么样的干货，这特别吸引人。

今日思考

- 如何打造爆款短视频？

阅读：如何将读书变成个人品牌的生产力

生活中的大部分问题在书里都能找到答案。我就是一个阅读受益者。

很多看过我直播的人都知道，我有一间三面墙环书的书房，而那也只是我藏书的 2/5。我嗜书如命，理由只有一个，书成就了今天的我。因为有书的滋养，我看到了人生更多的可能性，也敢于去创造更加丰富多彩的人生：我勇敢地辞去了大学老师的工作，离开大城市，回到偏远的小镇创业。在书中，我结识了无数榜样人物，他们的事迹激发了我内心深藏的文学梦、出书梦和创业梦。

此外，读书还帮我实现了和外界的无障碍连接，助我不断升级迭代自己的认知，打破生活和创业途中的一个个卡点。比如，我不擅长创业、不擅长管理、不擅长搭建团队……这些都需要从头学起，但我不慌，因为我有秘密武器——书。不会创业，我就看大量创业方面的书；不会管理，我就阅读管理方面的书；不会搭建团队，我就埋头阅读经典书籍……

当然，也有人质疑：书那么多，看得完吗？其实，看书也是有诀窍的。不是所有书都需要一字不落地从头看到尾。**汲取对自己有用的内容才是有效阅读。你缺什么就去看什么。**可以从目录入手，搜索关键点，汲取有用信息，然后极致践行。能够帮助你解决当下问题，才是书的重要意义所在。一本书，只要能够在一两个问题上帮到你，那就已经体现它的价值了。读书的意义，大概就是用生活所感去读书，用读书所得去生活。

如果你此刻依然迷茫，不知道做什么，那就从阅读开始吧，你一定可以找到答案。

说到读书我就特别兴奋，因为我能从一个自卑的小镇女孩蜕变成现在这样一个影响着千万人的励志女性，就是因为书籍。我喜欢阅读是受我父亲的影响，父亲有一个书房，藏书几千册，我从小就爱待在他的书房里看书。阅读这种习惯是在我童年的时候就养成的。我印象中一个很难忘的画面是：每到冬天，我们全家人就会围在火炉旁，各自捧着书，如果读到精彩部分就会读出来分享给彼此。

阅读如一颗神奇的种子，在我心里种下了一棵树，这棵树上长满了枝丫，它们有善良、坚毅、勤奋、诗意、包容、分享、大爱，这棵树是我一生的根底所在。从我高中时开始学习美术，到走出小镇考上大学、研究生、在高校教书，再到出书、创业，我都特别努力，这股拼劲是书籍赋予我的。我走过的这些年，每个阶段都有好书滋养我。如今，30 多岁的我已经有 3 万册藏书，这是我一生的财富。

读的书多了，我便开始写作，我将从书中、生活中获得的经验、知识与力量通过作品传递给更多人。从一个文艺女青年蜕变成一名女性创业者，这个过程很艰难。我骨子里是感性的人，那理性思维从何而来？商业思维从何而来？皆源于阅读。

建议你平时不管再忙，一定不要忘记阅读。

我推荐几本提升个人品牌商业思维的书给你：

- 剽悍一只猫的《一年顶十年》；
- 蒂莫西·克拉克《商业模式新生代（个人篇）》；
- 凯瑟琳·卡普塔的《你就是品牌：聪明人的自我营销》；
- 曾鸣的《智能商业》。

今日思考

- 如何将读过的书转化为生产力？

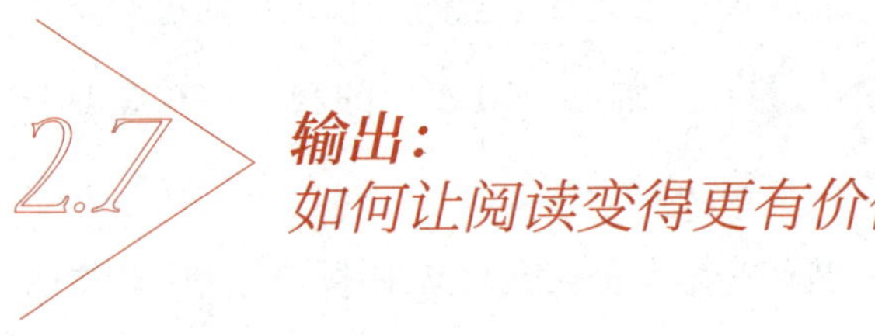

2.7 输出：如何让阅读变得更有价值

阅读是自身对知识与信息的“输入”，而“输出”则是对这些知识与信息的运用与转化。那如何“输出”呢？

很多方法都可以输出知识与信息，如写读后感、写相关文章、做演讲、在读书会中分享等。“输出”不仅是分享知识的过程，更是锻炼整体思维能力的过程。只有认真梳理知识时，它们才能真正被我们理解，并为我们所用。

对于我自己来说，因为要写书，所以我会有计划地输入知识，进行主题阅读。比如，我想在书中写一篇关于时间管理的文章，我就会买回许多时间管理方法类的书籍，这些书能让我在结合自己亲身经历总结方法的同时找到专业理论知识的支撑，让我更有效地在书本的海洋中汲取养分。

同时，写书又是一种输出。在写书的过程中，我将大量的信息进行筛选、整合与重组，使其形成一个系统化的知识体系。这种系统化输出，不仅让我更好地理解和吸收知识，更是能够形成深刻的认知，写书的过程就是思想沉淀与升华的过程。

在阅读、讲课与书写的过程中，我的思维逐渐拓宽，格局逐渐打开，智慧逐渐积累。我懂得了如何去经营好自己的感情，经营好自己的事业，经营好自己的人生。

此外，我还会开设共读营，带着更多人一起读书。

2022 年 4 月，我开设了共读猫叔的书——《一年顶十年》的共读营，带着 600 多位朋友一起读这本书。为了让自己的分享对别人更有帮助，我在共读前写了几千字的逐字稿，关键是，我们要让这一次时间被多次利用。我写的这篇共读逐字稿，首先，可以在共读营分享；其次，我可以再发在公众号；最后，可以写进我的课程体系中。

我曾跟作家吕白老师通了一个小时的微信语音电话，他回答了一些我的问题。在通话快要结束时，他说会把我们的通话整理成文字发表在他的知识星球。他表达了自己的一个态度，就是如果做一件事情不能重复利用 5 次，产生多次价值，他会觉得时间被荒废了。

秋叶大叔也表达过类似的观点。他每次分享完，会把音频整理成文字稿，发布在公众号上、写进书里，这样可以让分享的内容得到多次利用，产生更多价值。

我们也可以将这种思维运用到自己读书的过程中。你要去想：读这本书，如何才能带来更多价值？让读书，变成一种生产力。

今日思考

• 回顾自己是否有做一鱼多吃、一份时间实现多份价值的事。如果没有，今后会如何把它运用于实际生活中。

2.8 营销：个人品牌的十大营销策略与心法

个人品牌顾问孔蓓老师曾经说我是流量女王，说我的私域流量池很大。

的确，目前我有 20 万微信用户，8 万微信好友。朋友们都知道我是妥妥的文艺女青年，藏书 3 万册，出版 6 本书，在千年古镇生活，开民宿，从事个人品牌打造。那么，我是如何一边过着美好生活，一边实现软营销，让影响力倍增、财富倍增，实现物质与精神双富有的？

接下来，我把我创业 8 年来感受最深的十点营销体会分享给你。

1. 造势思维

2018 年，莫干山民宿非常火爆，看中民宿发展前景的我便和合伙人在我的家乡湘西浦市古镇共同打造了高端民宿——遇见美宿。

浦市古镇虽是 4A 级景区，但知道的人不多，民宿的客流量很少。2018 年 5 月 8 日，我运用我的内容创作能力在仅有 1000 个粉丝的公众号上发布了《28 岁女作家在湘西千年古镇开了一家充满美意的民宿，她把日子过成了无数人的梦想》这篇文章，当晚该篇文章就获得了 30 万浏览量，我还在文末写上“如果转发到朋友圈，我会抽取幸运的朋友免费入住民宿”，这为我的民宿带来了大量流量。文章的爆火还引起了湖南卫视的关注，为此“遇见美宿”被评选为“湘西十大最美民宿之一”。

一所诗意民宿，一篇文章，借助公众号和民宿热潮，为我增加了影响力，也带动了当地的旅游业。

2. 内容思维

打造个人 IP，本质上是打造用户对你的认知和信任。现在是流量为王的时代，如果流量是王，那么内容就是金。问渠那得清如许？为有源头活水来。优质内容是流量的源头，也是用户对IP产生认知和信任的根本所在。

我的公众号“遇见李菁”已经日更10年，从默默无闻到万千女性的必看专栏，持续输出优质内容是其中的关键。现在，我又开始制作优质短视频，并且收获了越来越多朋友的喜欢。有一个朋友说，她之所以信任我，是因为我的短视频所传递出来的对美好生活的向往。这种慢生活方式能让人感觉到：李菁就是这样一个创业和美好生活两不误、两处开花的美好女性，让人自然地想要靠近。

除了在公众号和短视频持续输出优质内容，我还笔耕不辍地写书，至今已经写了6本书。我最早的一批粉丝是从我开始写书时一路跟过来的，他们一直默默地关注我、支持我。如今，越来越多的粉丝朋友认识我、信任我，和我产生连接，他们看到的是现在的我，一个不断在进化的我。因此，站在新事业的起点上，在写书这件事儿上，我立志写些当下能帮助他们、未来能支撑他们的内容。

3. 趋势思维

“黑天鹅”事件的频发告诉我们，最后能活下来并且活得

很好的公司或者个体，不是最智慧的，不是最聪明的，而是能最快适应环境的。这个现象说明，任何一个新生事物的诞生都会带动一批成功者，成功需要改变，更需要行动！站在趋势的风口，顺应时代的潮流，顺应时代趋势，回应时代之问，才能获得成功。

2016 年，我开始做知识付费。彼时千聊、荔枝微课、十点读书等平台异常火爆，但是因为其固有的短板，它们很快就被线上训练营所冲击。目前，流量最大的是短视频和直播平台，至少未来 5 年，短视频和直播将是最大流量来源。时代的更迭变幻是快速的，而我们要做的，就是顺应它、抓住它。

2020 年被称为“直播电商元年”——万物皆可播，直播腾空“出圈”。2020 年，我开始做第一条短视频，4 年时间我保持每周更新一条优质短视频（2024 年坚持了日更），每周直播 5 ～ 6 场（坚持了 200 场），我创作的几百条短视频浏览量超过 1000 万。

这是巨大的流量资产。关键是，这么大的流量曝光和获取，我几乎没有花什么成本。所以，我建议每一位 IP 轻创业者，一定不要错过短视频和直播这波大风口，要利用短视频和直播来构建自己的个人品牌和流量池。

4. 圈子思维

刘润老师曾说：你遇见一个对的人，就会遇到一群对的人。所以，优秀的人总在奔跑中相遇，卓越的人总在高处相逢。

进入高能量圈子，和高能量的人在一起才能有获得感。一个“牛人”带给你的启发，会让你少走很多弯路。所以，找到厉害的人，向他学习，即使是付费，只要你能连接上，你就赚了。相信我，这一定是你最划算的投资。

除了精进自己，还要去搭建自己的高能量的圈子，带领一群人提升。一群同频的人携手共进比一个人单打独斗要更有力量。当然，搭建高能量的圈子不是一件一蹴而就的事，需要积累和沉淀。菁凌女性个人品牌商学苑是我积淀了 4 年的一个高能量圈子，通过这个圈子我做内容输出、搭建知识体系、帮助更多人提升实操技能、连接同频人脉。

“混圈子”要遵循三个底层逻辑：第一，你要确定自己的价值；第二，你要找对圈子；第三，你要提供自己的价值。

一边进入高能量圈子，一边打造高能量圈子，与同频者同行，让财富倍增。

5. 高端思维

大多数人存在一个普遍误区是：打造个人 IP，就是要客户多。但事实上，20% 的客户创造了 80% 的利润。打造个人 IP 要抓大放小，要做深、做透大客户。

我以前做知识付费时走入过某个误区，总想如何才能招到更多学员来上我的课，甚至开发了很多不同种类的手机摄影课，邀请专业摄影师来授课。但是我后来发现，因为课程收费太便宜，我们最后赚到的钱其实并不多。

后来在猫叔的建议下，我把个人 IP 升级为女性个人品牌商业顾问，打造了高价产品——29800 元的私教，一个用户付给我的费用就相当于 33 名手机摄影班学员的费用。

商业逻辑是反人性的。人性中有贪婪的一面，人们往往以为越多越好，但这种想法在商业中并不总是正确。因为任何资源都是有成本的。比如，我们请授课老师有成本，请运营团队运营社群有成本，核心人员的工资也是成本，但是我们的课程售价一直都是几百元，没有高价产品。成本很高，产出很低，导致最后无法盈利，就没有办法将这件事情长久做下去。

我们要懂得二八法则——20% 的用户贡献了 80% 的业绩。我们要找到那 20% 的用户。

商业的本质是高效，用最小的投入获取最大的价值。产品不是越多越好，能将你的价值最大化才最好。

6. 借力思维

如果说做内容是让我们靠自己的力量吸引粉丝，那么互推就是借助朋友的力量吸引粉丝，其背后是借力思维。

当我们凭借自己的实力积累了一定的粉丝之后，就可以和朋友们展开互推。这个动作很简单，提前准备好自己的个人介绍、微信二维码还有礼物，然后和朋友们约好互推的时间和方式就可以了。

朋友圈互推、直播连麦、产品捆绑销售是常用的互推方式。我多次用朋友圈、社群与我身边的优质朋友互推，有一个月因为朋友圈互推，我的粉丝增长了 4000 多人。微信视频号出现之后，我又和朋友们在直播间互推。我们通过直播间连麦，分享各自的成长励志故事，以及个人的产品和品牌优势，实现资源互换、粉丝互换。

有的人可能不理解，为什么要互推？每一个人都不是一座孤岛。生活在这个世界上，每个人都有自己的社交圈子，如果我们一直局限在自己的圈子里，就很难认识到更多人，无法拓展自己的人脉，也没有机会和其他有能力的人合作，从而打造更大的影响力、吸引更多的粉丝。

互推可以让我们找到生命中的贵人，借助贵人的力量让更多人关注我们并连接我们。因为大家都在同一个社交圈子，彼此之间更容易产生很好的信任关系，从而更愿意付费学习。

互推有利于我们找到盟友，大家相互合作、取长补短，打造一款全新的产品，从而吸引更多粉丝关注我们。

互推还可以让我们扩大彼此的朋友圈，放大个人的影响力，并且通过彼此背书，加强双方粉丝对我们的信任，从而更容易吸引陌生人成为我们的粉丝。这比自己一个人默默地积累要快得多，既节省了时间，又提高了效率。

互推，其实是一种借力思维，借力使力不费力。通过互推，互相借力，从而实现资源共享、互相推广、互惠互利、合作共赢。

7. 故事思维

故事是情感的载体，能够深刻地表达人的情绪。情感是人与人连接的感性纽带，容易被传递，引起共鸣。

这些年，我一直坚持用文字、镜头来讲我的故事——我的成长、经历、我的爱情、我的家人、我的小镇生活、我的烟火人生、我的诗与远方。文字是有力量的，镜头是有温度的，这些内容可以透射出你的人生观和价值观。很多人就是通过这些文字和视频认识了我。

我在视频号“遇见李菁”中用 Vlog 的形式拍摄记录我的生活故事，经过两年多的运营，现在账号已经获得黄 V 认证，有 3.9 万粉丝，单条视频最高浏览量达 270 万。视频号“遇见李菁”也在 2020 年荣获金视榜文化博主 TOP10。

好的故事能吸引更多用户，产生复利价值，它会让更多人对你产生信任，进入你的团队，或成为你的学员。这就是个人品牌故事的魅力所在。

8. 裂变思维

裂变营销是引流的主要手段，且正逐渐成为自媒体运营的标配。当运营重心从“流量”转向“留量”，个人品牌的重要性愈发凸显。下一波红利就是通过精细化运营为裂变赋能。

所谓裂变，就是一传十、十传百的口碑传播。借助那些对个人品牌认可度高、信任度高的用户，通过分享引流，注入新的流量。

2021 年，我举办了一场菁凌合伙人（现在为菁凌年度会员）的群发售活动，活动费用是 9.9 元，活动通过参加人员朋友圈推送的裂变思维方式进行传播。该活动最终报名者达 1000 人，意味着这次活动我收获了 1000 个精准粉丝。

2022 年上半年，我发起的一个百万直播间项目则验证了裂变思维带来的红利。在此项目中，我除了鼓励菁凌研习社的老学员进行朋友圈裂变，同时还邀请到 100 名盟友加入，我为这 100 名盟友制作了他们的专属个人品牌海报，邀请他们在自己的朋友圈推送，他们在展示、推荐自己的同时通过海报中该项目的二维码，我进行了二次裂变，最终取得了良好的效果，这也再次验证了裂变效应的效果。

当然，裂变思维的关键点还是要注重粉丝的精细化运营，在运营的过程中，让用户获利，最终才能成人达己，互利共赢；只有相互托举，才能相互成就，实现共同的裂变增长。

9. 利他思维

“爱出者爱返，福往者福来。”我们想要收获爱，就要学会先付出爱，要有利他精神。

雪小禅老师是我的恩师。我结婚的时候，雪老师千里迢迢来为我证婚，对我就像亲人一样；我在很多关键节点去向她请教，雪老师都会耐心地指导我，告诉我怎么做……我能博得雪老师的爱护，是因为我对雪老师无条件的付出与爱。

2015 年，我的研究生毕业设计是为雪老师做全套视觉形象识别系统，其中包括雪老师的公众号“雪小禅”。从 2015 年到 2022 年，我独自运营这个公众号有 8 年。最初，我自掏腰包找主播朗读雪老师的文章，自己设计图，没有时间时，就自己花钱请设计师。在这个过程中，我从来没有想过向雪老师要钱。甚至公众号“雪小禅”后来开始盈利，有了广告收入，我也没有拿一分钱。我从来没有把这件事当作是雪老师的事，而一直视作我自己的事情。我极致地付出，为自己赢得了口碑，同时也收获了雪老师的爱，而这些比金钱、比商业更重要。

我对我的恩师如此，对我的学员也同样如此：我的学员参加了内容创富营，只要他们全勤打卡，我就会给他们送书，有时候送书的成本比我赚的钱还多。但是我始终想着付出，让学员感受到我的诚意，感受到我的极致交付，从而树立了我的口碑，他们就会愿意帮助我宣传。

同时，我还会为我的工作伙伴甚至她们的父母送礼物，打造一个温暖的平台，让她们感受到跟着这样的老师和平台学习、成长是一件很棒的事。我们平台的用户都是女性，女性有一个特点：做事情从情感出发。只要你在情感上让她感受到温暖，她就会跟随你。

极致利他是打造个人品牌的关键。

10. 价值思维

我们要对外呈现自己感性的价值观。什么是感性？它是你对初心的坚守、对热爱的信念、对远方的追求，是你的坚持、你的韧性、你的大爱、你的格局以及你的长期主义。

我如何呈现我的感性价值呢？通过短视频和直播。借助短视频、直播，我会分享很多打造个人品牌的干货，我分享的是我的价值观，是我闪光的那一面，是人性温暖的那一面。这些东西往往更能打动用户，让他们与我深度绑定。哪怕这个月没有帮他赚到钱，但是当他们想到我时，内心仍能滋生出一股力量，这种力量至关重要。

对于打造个人 IP 的轻创业者来说，要想成为一名好老师，一定要在内心层面上带给学生力量感、榜样感，这样学生才会一直追随你。

真正让一个人变得闪闪发光的，并不是赚了多少钱，而是你能给多少人提供帮助。用自身的智慧影响多少人，这会让你在商业世界里面守住热爱、守住初心，成为一个更可爱更有温度的人。

不要把赚钱放在首位。当我们专注于提升自己的势能和影响力时，追随你的人自然就来了，你的铁杆粉丝自然就来了，财富自然而然就会向你涌来。比如，我实现年营收的突破，并不是因为我心心念念想着要赚多少钱，而是因为我优先考虑的是提升自己的价值、输出自己的价值。它在潜移默化中吸引了很多人。

通过短视频、直播、文字、书籍这些方式，把你的感性价

值观一点一点地渗透到你的学员心中、你的用户心中，你就会吸引一群同频者来到你的身边。

创业者一旦有了自己的坚守和克制，就能生发出更多的力量。**我们要把人生最美好的时光，用在最热爱的事情上。**

今日思考

- 个人品牌的十大营销策略与心法，哪条对你启发最大？

第 3 章

流量力

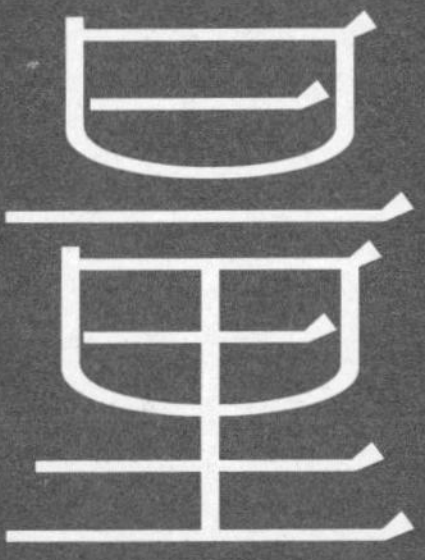

个人品牌如何吸引
并留住你的私域流量

3.1 名片：用个人简介海报，提升 IP 影响力

以前，我们通过印制名片介绍自己，如今在互联网上打造个人品牌，大多时候是在微信里建立自己的社交关系，那么有一张自己的电子个人简介海报就很重要了。

设想一下，你刚通过一个高付费社群加了一个朋友的微信，如果你只是简单地打了一个招呼而不介绍你自己，那么就会导致：一来他不会重视你，因为他并不知道你是谁、你是做什么的；二来他如果有给微信好友备注的习惯，也无法给你一个确切的定位。如果这时你发一张精心设计的个人简介海报给他，情况就大不相同了。对方会在第一时间对你的名字、标签、形象等有一个初步的认知。这不仅能帮助对方快速了解你，还能提升你在对方心中的印象，为后续的社交活动打下良好的基础。

个人简介海报必备要素

以我的个人简介海报为例，分享几个个人简介海报的必备要素。

1. 名字

名字可以是你的本名，也可以是你的网名、笔名、艺名。

我以前的网名是笔名“吧啦”，我的第一本书《见素》就是用“吧啦”署名的，后来我对外传播的都是我的本名李菁，因为吧啦这个名字有点稚嫩，李菁这个名字更大气。

2. 你的标签

标签可以是你的职业，也可以是你所擅长的领域、你的个人品牌定位。

标签需要放在海报比较醒目的位置。我在海报上写的标签是“女性个人品牌商业顾问”“菁凌研习社创始人”“畅销书作家，已出版 6 本书”，标签可以写几个，这样别人一看就知道你是做什么的。如果你所在的领域刚好是对方感兴趣的，那么你们就有深度连接的机会。

3. 取得的成绩

可以根据你的几个标签再延伸一些你在这几个方面取得的成绩，比如，获得过什么奖项，参与过什么重大项目，写过什么书，有什么闪耀的工作经历，帮助多少人达成了什么样的目标，影响了多少人，粉丝数，等等。

字数不用太多，简明扼要地写上你的闪光点。如我做的事是帮助女性打造个人品牌，所以我会在海报上用数据呈现我拿到的结果，这样别人看到后会一目了然。

4. 形象照

海报上需要一张与你的个人品牌定位相匹配的形象照，照片最好是去摄影工作室拍摄的专业形象照，这样能更好地展现你的魅力，引起对方的关注，获得对方的好感。

5. 海报做三份

让设计师给你做三份海报，每一份海报的最下面要放上不同的连接你的方式。

第一份呈现的是你的个人微信二维码，用于微信朋友圈互推，或者放置在公众号文末。

第二份呈现的是你的视频号二维码。5G 时代，视频号就

通过下面几组数字
你可以更了解我

15年·6本

- 长期写作，24岁出版第一本书，连续出版6本畅销书，已出版书籍《见素》《当美遇见莉》《你的人生终将闪耀》《向美而生》《守住》，新书《让热爱的一切梦想成真》正在热销中
- 其中《你的人生终将闪耀》获得“沈从文文学奖”

20万·8万

- 深耕私域，积累20万微信生态粉丝，日更公众号10年，个人微信好友8万人

100万·10万

- 擅长创作美好的vlog短视频，在视频号创作多条100万+、10万+浏览量的爆款短视频
- 创作过多篇10万+阅读量的公众号爆款文章

700人·4年

- 擅长裂变式发售，4年通过多次百万发售将一个收费9800元的年度社群卖到700份，商业全案卖到了12.8万1年，孵化超级IP

10000人·8年

- 创业8年，帮助上万名女性通过个人IP打造，实现月入过万、几十万

30000册·20年

- 从15岁开始买书，藏书，如今家中藏书3万册，爱书如命，相信学习可以改命

-我的生活状态-

一年有三分之一的时间在家乡湘西千年古镇生活、创业
三分之二的时间与灵魂伴侣环球旅居办公、旅行办公
坚信可以通过生活式创业，实现内外富足的人生

-我可以为你提供-

20万30+女性私域

付费160万，加入了多个付费社群，坚持内容创作，通过多种方式积累了20万女性私域

女性个人品牌打造

通过【女性高价值IP能力闭环】累计帮助上万名女性实现月入过万，月入十万

裂变式发售高效变现

通过【裂变式发售】打造2次百万发售里程碑事件，并通过这种方式帮助数百名学员实现业绩倍增，例如帮助学员李小月通过发售实现单场发售变现80万

-我的擅长业务-

- 擅长女性高价值个人品牌打造
- 私域流量涨粉
- 裂变式发售

是你的名片，打造好你的视频号是非常重要且紧迫的事情。

第三份呈现的是你在多平台注册的名称，如微博、抖音、小红书、公众号等的名称，这样粉丝如果想要进一步了解你的相关信息与作品，就可以去这些平台搜索你的名字。

我在海报上留的是我的个人微信号，这样就能把粉丝吸引到我的私域来。**做一个有准备的人，好运气自然就会来。**

一张好的个人简介海报，设计上需要好看、高级，这样才能让对方在第一时间看到就被吸引。如果你不是设计师，那就要找专业的设计师设计个人简介海报，这份钱必须得花，因为个人海报用的频次比较多，是值得我们在前期用心准备与打磨的。

今日思考

- 根据个人简介海报五大必备要素，为自己设计一张个人简介海报。

个人简介海报设计要点

个人简介海报设计需要注意以下几点：

1. 个人简介的字数不宜太多

很多人都有一个误区，就是想把自己的各个方面都展现出来，花费了很多笔墨。其实个人简介的字数不宜太多，罗列几个关键要点就可以，但要精准地概括你的闪光点，这样看起来更有逻辑性。

2. 海报上的主色调要使用你的品牌色

在设计海报之前，要根据自己的定位与个人特色选择符合自己的颜色作为品牌色。每一种颜色都有不一样的内涵，品牌色要与你个人的调性相匹配。我的品牌色是孔雀蓝，这是恩荻的美学花园创始人恩荻老师给我确定的。她说，在精神领域里，孔雀蓝是神界的颜色，非常匹配我隐逸的生活状态。这个颜色辨识度高，象征着重生的力量，在高级感的塑造上特别便利。她还建议，海报视觉要想看起来年轻、清新，就多用孔雀蓝搭配白色、浅米色。

所以，在设计海报之前，一定要先确定好自己的品牌色，因为它就是你的个人品牌视觉锤，以后不管设计什么类型的海报，都可以沿用同一种主色调与风格。

3. 画面要简洁

海报设计不是内容和元素越多越好，可以适当做点减法，删繁就简，这样才能把你的精神内核凸显出来。海报的颜色不能超过 3 种，字数和元素也是越精简就越具有品牌的凝聚力。

设计个人简介海报，可以使用一些手机软件，如稿定设计、可画、黄油相机、美图秀秀等，如果你自己并不擅长做这件事，可以找设计师付费设计。

今日思考

- 认真构思你的专属个人简介海报的主色调、形象照、简介文字等海报设计元素。

3.2 引流：个人 IP 私域涨粉策略与实战经验

我目前从事的是知识付费行业，在微信生态创建了“菁凌研习社”知识服务平台，专注于为素人提供从 0 到 1，打造可变现的个人品牌的知识服务产品，包括网课、训练营、会员、高端会员、咨询顾问等。

知识产品服务收费，本质上就是知识 IP 的商业化。

那么，我是如何从个人 IP 发展为平台 IP，如何从自己一个人授课到邀请多位大咖老师在我们平台一起授课，如何从一个人活成一支队伍到创办公司、搭建团队，把这份事业做大的呢?

有两个原因，其一是我升级了自己的定位，从手机摄影美学导师升级成了个人品牌商业顾问，当我能帮助学员赚到更多钱的时候，我的收入自然也就提升了；其二是我的私域流量池越来越大，从之前的 1 万微信好友增加到了现在的 8 万微信好友，学员自然也就更多，我的财富就得到了增长。可见，升级自己的商业模式与涨粉对一个创业者来说非常重要。

在互联网时代，流量即人，**私域流量的本质是连接人、吸引人、服务人。**私域流量不仅能减少沟通成本，赢得用户信任，还能提升品牌价值，帮助创业者建立属于自己的小而美事业。运营好私域流量，可以打通线上线下渠道，解决流量难题，实现长期变现。

2013 年 7 月，我申请了自己的第一个微信号“吧啦”，那时候我还在读研，只是一个穷学生，没有挣钱的能力，在西安读研 3 年，中途去了台湾的“中国文化大学”研修半年，学习深造，其间家里欠下了十几万元的助学贷款。

我不想让父母辛苦，就想着自己如何挣钱还债。2015 年 9 月，我申请了自己的第二个个人微信号“作家李菁”。彼时我已经辞去了大学老师的工作，在互联网上开设了自己的第一期摄影美学课程，年收入只有 5 位数。2016 年 8 月，我申请了自己的第三个个人微信号“摄影者李菁”，那时候我已经可以靠摄影美学课程年入 6 位数了。

之后的几年，我陆续有了自己的第四个号、第五个号、第六个号。如今，我拥有 8 个个人微信号、3 个助理号，粉丝有 8 万多，实现了 7 位数的营收。

你发现了吗？我在微信好友增加的同时，收入也在不断增加。现在微信版本迭代，好友最高限量从以前的 5000 人提高到 10000 人，对我们来说，这是一个福音，它意味着我们可以用微信积累更多好友。

这几年，当身边的朋友都在因为经济下行焦虑于事业停滞或者入不敷出的时候，我却通过知识付费实现了年收入几百万元。虽然我生活在偏远的湘西小镇，但是我依然可以在互联网上通过打造个人品牌实现知识变现。从个人 IP 到公司商业化运营，我仅仅通过深耕微信朋友圈这一个平台，就过上了又富又美的生活。

很多人问我，为什么要搭建自己的私域流量池？

在互联网时代，流量所在的地方就是营销渠道汇聚的地方。私域流量不仅能减少沟通成本，让我们得到用户的信任，从而达成合作，也可以帮助我们提升自己的品牌价值，成为一个利他的人，从而创建一份属于自己的小而美的事业。简而言之，运营好私域流量，你可以打通线上线下渠道，解决困扰很多人的流量难题。如果长年累月地坚持积累，你还能够顺其自然地进行变现。

一个个人微信号好比一家线下的店铺，你多一个微信号就是多开了一家门店，而且是低成本的门店。用心经营的个人微信号价值百万。

接下来我就为你揭秘私域涨粉的方法，这些方法都源于我的实战经验，每种方法你都能用上。

1. 在自媒体上持续输出优质内容

现在，互联网上有非常多的，能够让你展现自己的平台，如公众号、视频号、抖音、小红书、简书等。每个人都要先确定你花费时间比较多的自媒体平台是哪一个，它可能是你的朋友圈、公众号、抖音等，你要设立一个最重要的平台，然后把其他平台的流量全部引到这个最主要的平台里。

为什么要这么做呢？因为你的精力有限，难以顾及所有平台，而且你只需要把某一个自媒体平台经营得比较好，它就可以成为你的背书。

比如，我把所有粉丝都积累在微信朋友圈，做一个长期的沉淀。我微信上早期加进来的朋友大部分是看了我的文章后添加的。我的写作公众号于 2014 年 1 月开通，以前叫“吧啦原创文学”，现在叫“遇见李菁”，目前已经运营了 10 年，一天都没有停止过更新。日拱一卒，功不唐捐。现在我的公众号已经积累了 9.5 万粉丝。

积累私域流量不是一蹴而就的事情，需要花时间。

我从 2020 年 4 月中旬开始做视频号。腾讯推出视频号时，直接设定为微信内嵌的应用，不断改版加大视频号的曝光机会。

视频号，是与公众号和个人微信号具有同等地位的内容平台，是一个人人都可以记录和创作的平台。我相信它会成为非常适合普通大众创作短视频内容的平台，前景广阔。于是我先后运营了 5 个个人视频号账号，每个定位都不同。

目前我聚焦运营“遇见李菁”，这个视频号已经通过黄 V 认证，拥有 3.9 万粉丝，并且持续打造了多条超 10 万浏览量的短视频。通过一条 100 万浏览量的短视频，我的视频号涨了 8000 个粉丝，有几千人通过视频号加了我的微信。

整个微信生态是一个闭环，它将个人微信、朋友圈、企业微信、公众号和视频号连在了一起。

我日更公众号文章 10 年，因为担心有些人没有时间看文章，我每天都会发布配有音频的文章。我会在公众号里发布视频号相关的内容，很多人可以通过公众号连接到视频号。我用这种润物细无声的方式，和用户进行深度连接。

视频号的粉丝是公域流量，他能看到视频号直播的提醒，但是无法添加你的个人微信，不知道你在做什么、卖什么。那怎么办？我每天会私信 15 个视频号里面的用户，跟他们说：“谢谢你关注我，我这边有一个‘今日有启发’社群，你加我的个人微信，我拉你进群，里面会分享商业智慧、人生智慧、美好关系、女性成长、读书写作、内容创作、短视频创作、直播方法等内容，可以帮助你拓宽思维，提升认知，学到更多商业智慧和人生智慧。”

简单的事情重复做，每天就会有新的流量进来。通过这种方式，激活老用户，吸引新用户。

我还做了一件事情，不定期地发以前发过的视频。你不要觉得我做了这个视频，就沉在这里。很多人没有意识到：当你多次发的时候，会有新用户来加你，看到后给你点赞。而你之前的朋友也能够重新温习一遍。

我有 8 万微信好友，我每天会固定私发 50 ～ 100 人。我会说：“如果我的成长历程、创业故事打动了你，可以点个赞，我会送你一个课程福利。”通过一对一沟通，他们会知道我不是群发的，愿意去看这个内容。如果点赞了，这个视频就有了新流量。花这个时间是值得的，我每天都会收到别人的回复，流量也在增加。

在这里强调一点，当你有了视频号之后，不要想着别人会主动来加你的微信号，而是你要想如何才能让视频号的粉丝来主动添加你的个人微信。

视频号后台私信留言的规则是：如果是你们之前还没有对话，是无法直接发二维码的，所以如果是还没有说过话的粉丝，你可以给对方发一段文字，文字里面写上你的微信号。

我常用的话术如下，供你参考：

你好，很开心认识你。感谢你关注我的视频号。

如果你愿意的话，可以加我的微信，进入我的“今日有启发”社群，我会第一时间分享我的直播信息和一些商业智慧、人生智慧，相信一定会对你有帮助。

你可以直接复制我的微信号搜索添加，如果你备注暗号“视频号”，我通过好友后会送你一份我的成长规划课。我的微信号是：zuojialijing，如果你已经有我的微信了，就私信我的视频号，我把成长规划课发给你哦。

通过这个动作，每天都有新粉丝从视频号添加我的个人微信。

2. 社群分享，吸引精准粉丝

付费加入优质社群，并且积极地展示自己，为他人提供价值，在付费的社群里你才能找到有能力为你的产品付费的人。

我几乎每周都会去一个朋友或者老师的社群做分享。在分享的过程中提供价值，吸引潜在粉丝，我最后会引导群友：“大家可以加我的微信，我会给大家送一门课、一份电子书。”不管是电子书，还是说这种音频课、视频课，都需要你提前准备好。

你就直接发微信二维码，不要觉得不好意思，因为你这时不是推课，是为了让别人跟你连接，而且你会给他们送礼物。当然前提是你已经跟群主提前沟通过，可以发自己的二维码，这也是对群主的尊重。

许多人都有免费和付费社群，如果应用得当，这些也是非常有力的增粉方法。我们去社群做分享时，记得要有选择性，根据自己的需求去发言分享，不用每个社群都花时间。去高付费社群提供自己的价值，这样你会连接到许多和你同频且对你的成长有帮助的人脉。

之前我非常不好意思告诉别人我做了什么事情，觉得自己做得好像也没有那么优秀。但是经过多次分享后，我意识到如果想积累流量、推广自己，就要学着去破除心中的这些卡点。我们要相信自己在群里发的干货和知识，能够为他人提供价值，能够帮助到有需求的人。

在社群分享内容的过程中，记得提供自己的一些专业知识和干货内容，帮助他人解决问题。这样别人得到帮助后可以连接到你，你也会种下好种子。

所以记得在社群里多多展现自己。**你要相信，分享力就是影响力。**

3. 做长期主义者，持续经营私域流量

不管是线上分享还是线下分享，都需要做一个动作，就是把这些听众拉到一个微信社群里，这样才能产生更多价值。

你想打造个人 IP，就不要怕麻烦。开始注册自己的企业微信，打通视频号和公众号。比如，你和一个流量大咖一起分享，他突然给你引来了一两百个朋友，你的个人微信承接不住，企业微信可以不让你错过这波流量。

每次直播时，除了分享一些干货内容，我还会不时给大家一些指令，进行产品推广。因为不在直播间卖产品的主播不是好主播，我们要训练自己的营销能力。不是为了赚钱，而是为了掌握一项技能。哪怕只是卖一个几十块钱的课，也是在训练自己。同时我们要建自己的粉丝群。我现在已经有 50 个粉丝群了。我不断把以前的老群删掉，建立新群并让新人进来。这些粉丝会是我的精准用户，会帮助我降低获客成本。通过这种方式，每次直播我都会吸引来新粉丝。

私域流量需要长期积累、持续经营，我们要做长期主义者，成为时间的朋友。

4. 坚持互推，吸引优质用户

2020 年 2 月，我申请了一个微信号，短短一个月的时间，

我就增加了 4000 个优质好友，我使用的方法是互推。

我在几个微信朋友圈推别人，别人在几个微信朋友圈推我。有时候一天最多能增加 500 个好友。

现在，微信互推比以前管控得更严格，一天只能被动添加 50 个好友。如果你现在的微信好友只有一两千人或者几百人，也没关系，你可以去找微信粉丝和你差不多的人进行互推。别人在推你的过程中其实已经给你做了背书，他的朋友会基于对他的信任加你的微信，这时你就要把自己的微信朋友圈打造好，这样才能把他们留下来。

互推的效果主要是由对方的粉丝数与黏性决定的，如果对方的粉丝数很多，那他给你带来的微信好友就会多，如果对方的粉丝数只有几百个，那加你的人也就只有几个而已。比如，我的微信好友有 8 万人，我在朋友圈推荐菁凌年度会员时，一般会有 100 ～ 300 人去添加我所推荐的会员。你提供的照片越好看，文案写得越好，吸引来的粉丝就会更多，因为大家都会被美的人、优秀的人吸引。

另外，你可以提前准备一个免费的音频课作为礼物送给新加你的朋友，让他们通过你的音频课加深对你的认识，也能够让更多人因为想得到这份礼物而想要与你连接。

我们去找互推的人时，不能一上来就在微信上问他愿不愿意互推，这样就会显得很唐突。你可以先跟对方微信语音约聊一次，加深一下彼此的认识和了解，在约聊的过程中委婉地提出来互推的意愿，如果对方愿意再发给他相应的文案。

互推文案参考：

今日思考

- 根据以上几种个人 IP 私域涨粉的方法，找到一两种适合自己的方法去践行。

3.3 互推：朋友圈互推的文案要素与技巧

很多朋友问我，我是如何从 0 到 1 拥有 8 万微信好友的？

一个很实用的方法，就是与同频的朋友进行互推。我曾经用一个月的时间通过互推加了 4000 多个优质微信好友。这是一个特别好的转化效果。那么，我是如何实现优质转化的呢？——学会自己写朋友圈互推文案。

好的朋友圈互推文案有着魔咒般的神力，因为它暗含了某种结构，具有某些要素。

朋友圈互推文案的结构和要素

1. 你是谁

通过对自己的清晰介绍，让别人产生兴趣。“她是出过6本书的女性个人品牌商业顾问李菁”“她是服务过线上社群100万用户的社群运营实践专家褚运七”“她是每年为近百个家庭配置过亿资产的私人财富规划顾问阿汝娜”……

每个个人品牌塑造者在社交场合，尤其是有陌生人在场的微信朋友圈，都需要清楚地表明自己的身份，以为自己带来商业机会。在个人品牌营销环境中，塑造和表达自己的身份很重要，人们通常会通过对你的身份评估来决定是否与你进一步交往。

你是手机摄影美学导师，人们想到的是可以加你的微信跟你学手机摄影知识；你是写作教练，人们知道可以找你学习写作知识；你是美食博主，人们觉得围观你的朋友圈，会看到很多美食的图片与做法……

如果你的标签有很多，就要懂得取舍，留下最核心的标签，清晰地告诉别人你是谁。

2. 你从哪里来

通过对“历史”“巧合”“机遇”“资源”“天分”“价

值观”等因素的表述，形成对“你是谁”的背书，以获得大家的基本信任。

有转折性的故事往往更能打动人。综艺节目《中国好声音》中，那些优秀的选手一上来就会给大家分享他的故事，故事越离奇、越接地气，越能抓取观众的注意力。

“李菁辞去高校工作，离开大城市，回到故乡湘西一座千年古镇写书创作。但是身在小镇的她，在互联网上打造了手机摄影学习平台，影响了千万人。她过得又富又美，活成了无数女性向往的样子。”

这段文案里就有我的过往与价值观。

3. 你能给别人带来什么

从“我有什么”到“我能给你带来什么”，在营销上就是从产品属性向消费者利益转移，在广告上就是从“卖点”到“买点”的切换。

互惠是社交的前提，有用是人脉的根本。在微信朋友圈的互推文案中，你要表达你的社交价值。作为个人品牌塑造者，你要传递你能够带给他人的好处。要在第一时间就表达这一点，并要做到清晰明确。

参考文案：

你如果想学习如何用手机拍出美照，可以找李菁老师，她的手机摄影美学课已经累计帮助5000多名学员爱上摄影、爱上生活。

你如果遇到职场问题，可以找他，他的社群专门服务职场人士，课程涵盖软件学习、职场进化的心态调整等。

4. 你比别人强在哪里

营销高手们都会以巧妙、可信的方式告诉对方“我比别人强在哪里”，这样能让精准用户更快靠近你。

“李菁老师的摄影作品被选为梁实秋、雪小禅、张晓风等名家著作的专用插图。”这就是用名人作为背书，体现自己的优势。

“夕夕酱是十点读书、洞见等头部公众号的签约作者。”这是用大平台作为背书，体现出了自己超强的能力。

5. 你能提供什么超值惊喜

大家加你的微信有什么福利呢？这一个细节也很重要。

你可以提前准备一个自己录制的免费音频课，或者自己课程的优惠券，有人添加了你的微信之后，就可以作为见面礼送给他们。

送自己的课程福利给新添加的微信好友有以下好处：

第一，给出超值惊喜。

第二，让陌生好友变成有交流的好友。

第三，他们可以通过你的免费课程更加深入地了解你，并对你之后的付费课程产生兴趣。

互推文案的末尾可以写："加李菁老师的微信，备注'文清推荐'，她会送给你一份特别的礼物——她的一套成长规划音频课。"

如果互推是为了推课，可以这样写："李菁老师的内容创富特训营近期就要开课了，如果你也想跟着李菁老师学习，可以加她的微信，备注'运七'，享受特惠价。"

朋友圈互推的十大技巧

再分享一些互推的经验：

1. 互推前先交流

不要直接就跟朋友进行互推，要先彼此了解沟通。有了感情基础，才能互推。

我曾在剽悍品牌特训营里花了约一个月时间与二十几位好友一对一通话，沟通完之后才进行互推。

2. 提前做好功课

在聊天的过程中，你会介绍自己，然后别人也会自我介绍。你可以帮他解决一些问题，同样，他也可以帮你解决一些问题。

因此，你要提前做好功课。加上对方微信之后就进行彼此了解，先提前整理好资料，如你想问他的问题、你可以给他提供哪些帮助。

3. 让利给他人

宁愿让别人得到好处，也不要做让别人吃亏的事情。所以，我在跟别人互动的时候都会去想如何让对方加到更多好友。即使别人只有 3 个微信好友，我有 8 个微信好友，我也会互推，目的就是让别人得到好处。

4. 用其他方式表达感谢

如果你的微信好友没有对方多，比如他有几千个微信好友，你只有 1000 个，此时你要用其他方式表达你对他的感谢，如发红包、送书、送礼物等。

这样做是为了让别人知道你是感激他的，而且是真心感激。

5. 做好记录

我们在找朋友互推时，在沟通的过程中如果觉得双方都有意愿互推就可以主动提出；如果觉得对方没有意愿，那也不必在意，通过聊天也能增加彼此的感情，也能从对方的身上学到很多。

在互推时，要做好记录：你今天跟谁互推？对方给你带来了多少好友？你也要问对方：你给他带来了多少好友？这样你心里才会有数，并充分了解互推的价值和自己的能量。

6. 遇到不愿意互推的人怎么办

遇到无法接受互推的人怎么办？此时，千万不要一上来就跟对方说我们互推吧，然后对方不愿意也不知道该如何拒绝你，这会让彼此陷入尴尬。如果都在一个社群里，他会觉得拒绝你不是很好，不拒绝他又觉得有点不舒服。

所以，遇到这样的人，就要先与对方培养感情、互帮互助，有了感情基础之后再提互推的事，这样效果会更好。

7. 送粉丝一份见面礼

我与朋友互推时，会事先准备好我的图片、文案、二维码，后面会加上："备注谁推荐的人加我，我会送他一份礼物，如我的成长规划音频课。"

你也要准备一份这样的礼物。你要让别人加深对你的认知和印象，知道你到底是做什么的。你也可以录制一些这样的免费音频课。为什么用音频课呢？因为发文字很多人没时间看。听音频更方便，比如，在洗脸、刷牙或者开车、坐车的时候，都可以听音频，此时如果他觉得你的声音好听，觉得你讲得有道理，你说的某一点触动了他，他就会成为你的潜在付费用户，甚至会主动问你有没有付费社群可以加入，会主动购买你的付费产品。

8. 选择同频者互推

我们在挑选互推者的时候，要找跟自己同频的。比如，对方是教写作的，我是教内容创富的，他的用户跟我的用户相匹配，我才会跟他互推。

你在找朋友互推之前要先看他的朋友圈，看对方朋友圈发的内容，了解他做的训练营是什么样的产品，看他的为人处世、调性，要通过对他进行全面的分析，确定他的用户是否跟你的用户画像匹配。

9. 如何选择互推的时间

最好选择 18:30 ～ 20:30 这一时间段互推，该时间段刷微信朋友圈的人更多，加好友的机会也会更大。

10. 如何解决加好友的人数限制

我曾跟一个朋友互推，活动结束后只有约 40 个好友加我，我这边也只有约 70 人加她。我很纳闷，因为此前我每次跟朋友互推都有几百人加对方。

后来才发现，是因为别人添加我们的微信二维码时显示对方添加好友人数已达到当天的限制，无法添加。

所以，可以提前准备几个微信号，按号互推，一个号加 50 人左右就可以，这样就不至于发到朋友圈之后出现几百人添加却突然无法添加的情况了。

今日思考

- 结合自己的个人品牌定位，为自己准备一段微信互推文案。

流量：如何通过做短视频获取免费私域流量

我是在视频号刚刚兴起时就入局了，这 4 年我在视频号上发布了几百条视频，也打造了多条超 100 万浏览量的爆款短视频和几十条超 10 万浏览量的短视频。我的视频号“遇见李菁”荣获 2020 年金视榜文化博主 TOP10，现在有 3.9 万粉丝。

我花了很多的时间、精力、金钱在上面，这其实并不重要，重要的是我发现我对创作短视频这件事情有极大的热情，是真正的热爱。

当我躬身入局、全力去做这件事情之后，我收获了很多：

（1）实现了破圈

之前大家都是通过我的公众号、书来了解我，现在很多人认识我都是通过短视频，短视频传达得更加直观，更加深了他们对我的印象，让我获得了更多人的喜欢和信任。

（2）影响力升级

之前我能影响的是阅读我书籍的读者，但是自从做了短视频后，我影响的人越来越多，不仅仅是视频号涨粉，我的微信好友也涨到了 8 万，公众号粉丝也涨到了 9.5 万，微信生态粉丝达到了 20 万。

（3）业绩呈爆发式增长

我通过短视频建立用户对我的信任，然后再通过直播输出自己的价值观，我的知识服务产品和课程卖得更好了，业绩实现了爆发式增长，年营收突破几百万元，甚至有时仅仅一个月我就通过视频号直播实现了百万业绩。

接下来，我将给你分享如何做好视频号。

视频号 IP 定位

1. 根据四项准则，找到你的定位

在注册视频号时，你首先要考虑的是：起什么名字？发什么内容？

其实，当你找到自己的个人品牌定位时，你就有了方向。我前面提出的四项准则，可以帮助你快速找到个人品牌的定位。

（1）找到你热爱的事情

这是一个重新出发的机会。遵从内心，去做那些你真正热爱的事情。因为只有发自内心的热爱，才能激发你无限的动力和潜力。

（2）找到你擅长的领域

你擅长的事情是你的天然优势。它可以是你的专业领域，抑或是你持续钻研并且有了一定的成果，也可能是你处理起来比他人更为轻松的事情。如果你能够把这些天赋和特长打造成核心竞争力，那么你的行动会更加充满活力。这是一种高效的成长方式。

（3）根据现有资源去提炼你的优势

在为个人品牌进行定位时，首先要梳理清楚你目前拥有的人脉、资金和环境等资源，并根据这些现有的资源来挖掘你的独特优势。

（4）根据市场需求找到这个行业的某个细分领域

在确定个人品牌定位时，一定要找到市场的核心需求，这是成功的关键。打造符合市场需求的个人品牌，能够吸引更多的关注，并为你带来更多的机会、资源和财富。

每个行业都有许多分支，你需要找到适合的细分领域，这样才能更加精准地吸引目标用户，使你有更多的时间和精力在这一领域深耕细作，更快地取得成效。

2. 只有精准定位，才能持续创作

（1）选择垂直领域方向创作

通过上述四项准则，你可以很快找到你的定位，定位找到了，打造视频号的方向就有了。

比如，你的定位是瑜伽导师，你的视频号名字就可以以“瑜伽导师 + 你的名字”来命名，你发的内容就要与瑜伽相关。

视频号的定位最好结合你个人品牌的定位来确定，比如，你的个人品牌定位是时尚美妆，那你的视频号内容就可以给大家分享美妆知识、做美妆产品测评、教大家化妆等。如果你的个人品牌定位是育儿，那你的视频号内容就可以分享儿童成长、母婴健康等知识。

我主要运营两个账号，之前我的个人品牌定位是手机摄影美学导师，因为视频号的垂直性特别重要，所以我做了一个与手机摄影相关的视频号“手机摄影美学导师李菁”，分享手机拍摄技巧。

另外，我想分享我在湘西千年古镇的慢生活，我没有选择在视频号“手机摄影美学导师李菁”上分享我的日常，而是另外开了一个视频号“遇见李菁”，用它来讲我的 100 个人生故事。

（2）体现差异化优势

通过自媒体平台输出内容时，要体现“有个性化的意义”。

每个人都有自己与众不同的地方，发掘自己的独特之处，才会被更多人记住。一定要结合自己的定位讲好自己的个人品牌故事，这样大家才会对你产生羡慕、喜欢、好奇，进而关注你的号。

（3）呈现你的理想状态

在视频里呈现你的“理想状态”，如从胖到瘦的状态，从穷到富有的状态，从迷茫到自信的状态，从单身到找到灵魂伴侣的状态，这些理想状态都能让你的潜在用户被你的故事与人格魅力吸引，想要与你有更深的连接，这样才有加你微信的冲动。

如果你刚好有付费产品，比如课程，这些用户就会有购买的欲望。因为他也希望自己能达到像你这样的理想状态。

我们要更加重视粉丝的体验，不能把他们当作播放量和点赞量的数据。在做短视频时，我们要注意深耕一个领域，尽量避免在不同的领域来回转换，只有这样，才能表现得更专业。

视频号的主页装扮

视频号主页是你留给用户的第一印象。可以说，第一印象至关重要，用户能点开你的头像进入你的主页，就证明已经被你的视频内容吸引，想要进一步了解你。究竟能不能让用户关注，就要靠主页的运营。

主页主要展示了：昵称、头像、简介、视频封面。

1. 昵称

昵称是我们的代名词，提到昵称用户就会想到你的内容。

昵称的选择特别关键。昵称要有辨识度，要与定位的内容有较强的相关性。目的是让用户看到你的昵称之后，能快速了解你的账号是做什么的。我的一个视频号叫“手机摄影美学导师李菁”，用户一看到名字就知道这个号是在教摄影技巧。

我们也可以用自己的真名来起名，如“李子柒”，这样的好处是容易形成品牌效应。

2. 头像

头像是吸睛的利器。你可以采用本人真实的照片或者是经过加工的形象照来更好地展示账号形象，进而形成品牌效应，还可以采用与账号定位相关的主题照片。头像的选择要做到和简介、昵称等主页内容相互关联，形成集聚效应，从而更好地把自己推销出去。头像也要有较强的辨识度，不要和他人重复，要形成自己独一无二的品牌。

我的视频号头像用的是一张红色头纱的照片。这张照片曾被我用作微信头像，只要我在微信群里发言，立马就能吸引众人的眼球，因为红色特别显眼。所以，我后来一直沿用这张红色头纱照做我的形象照和社交媒体账号的头像，这也是打造个人 IP 的一种很重要的方式。

3. 简介

我们要在简介里介绍自己，写上标签背书，还可以加上吸引用户关注你的钩子——通过赠送福利来引导用户私信你或者添加你的企业微信。

4. 视频封面

此外，要从短视频的细节入手。比如，在短视频封面的选择上，要形成自己固定的风格，要用封面图来刺激用户点击，使吸引到的用户更精准。

我的一个视频号“手机摄影美学导师李菁”主要发布拍摄技巧的内容。为了便于观众查找其感兴趣的拍摄主题，我专门设计了统一的封面，每一个短视频的封面都会写上该视频的小主题。这样，用户就能马上找到他感兴趣的内容。封面布局统一，也会让画面更美观，风格更统一，显示出你对细节的重视。

视频号封面和结尾建议要有统一的、具有个人特色的视觉元素，最好在一段时间内保持统一，以便加强视频的辨识度，让观众习惯你的排版设计、你的字体、背景颜色，让大家一看到这个版式就知道是你的内容。当然在一段时间后，在细节上也可以稍做更改，让观众有一定的新鲜感，但不能频繁地换排版样式，这样不利于个人品牌的传播。

如果是用横屏拍摄，那么可以加上边框。上下边框要用你的品牌色。在设计初期，我就选择了孔雀蓝作为我的品牌色，并把孔雀蓝应用到了视频号的整体色调里；如果我每次发布视频都用这种颜色，大家慢慢就会形成一种认知，觉得这个颜色的视频都跟李菁有关。这种记忆是非常强大的。

用心选择视频号的色调，渐渐地，它就会成为一种标志。把细节和统一性渗透到视频号中，长此以往，便会形成一定的影响力。

今日思考

- 根据视频号主页装修四要素，为自己制作一版亮眼的视频号主页。

创作爆款短视频的基本功

1. 每天花固定时间刷短视频，培养网感

我每天都会利用吃早餐的时间来刷短视频，有时候刷视频号的短视频，有时候刷小红书的短视频，有时候刷抖音的小视频。看到好的视频素材，我都会收集到自己的视频素材库里，以便需要的时候随时调用。

2. 积累自己的素材库、选题库、文案库

在内容创作的过程中，素材、选题和文案是三大核心要素。视频创作者需要通过源源不断的创意和优质内容来吸引和留住观众。因此，积累和整理自己的素材库、选题库、文案库尤为重要。

3. 学会用短视频去讲故事

故事是人类历史上最古老的影响力工具，讲好故事可以让影响力翻倍。

2018 年 5 月 8 日，我通过一篇个人故事的图文，一个晚上获得超 30 万的浏览量，让我的民宿被更多人知道。

2021 年 12 月 20 日，在我生日当天，我发布了一条个人

短片故事，这个故事迅速扩散，实现了超 10 万的播放量，让更多人对我产生信任，添加我的微信，并且毫不犹豫购买了我的知识服务产品。

这就是讲好故事的影响力。

今日思考

- 尝试用故事思维写一个短视频脚本。

如何做好视频号的商业布局

知识服务赛道成本低、风险小、收益高、前景广，很适合个人 IP 轻创业者。

常见的知识服务产品体系是：引流品—信任品—利润品—高阶品—超高阶品。知识付费赛道轻创业的商业模式主要分为平台型和超级 IP 型两类。平台型适合合伙人模式，通过招募合伙人产品裂变更多用户，因为一个老用户带来新用户的成本比你自己招新的成本更低，而且信任度更高，口碑相传能传递用户心智。

我自己采用的就是平台型商业模式。我成立了菁凌研习社这个平台，专注于帮助女性打造可变现的个人品牌。我的定位是女性个人品牌商业顾问。我的产品体系是这样设置的：

- 引流品：书籍、19.9 元公开课、199 元个人品牌音频课。
- 信任品：1000 元以下的训练营，如手机摄影美学训练营、爆款短视频训练营、私域流量变现训练营、李菁内容创富特训营、李菁个人品牌创富训练营等。
- 利润品：9800 元 / 年的菁凌女性个人品牌商学苑（菁凌年度会员），这个产品属于学习陪伴型的产品，也是我的王牌产品。
- 高阶品：29800 元 / 年的菁凌商业年度私教与 88000 元 / 年的菁凌商业私塾，该产品主要是打造成功案例。大部分私教和私塾用户都是由菁凌年度会员升级而来。服务好菁凌年度会员，就会有更多向你付高价的人，他们更想得到你一对一的辅导与流量的扶持。
- 超高阶品：168000 元 / 年的菁凌超级 IP 商业全案，深度陪跑用户一年，这是树立“江湖地位”的产品，起到价格锚定的作用。很多人看到我有十几万一年的产品，就会觉得花几千元报名菁凌年度会员性价比很高。

但你不要觉得高客单价的超高阶品没人购买，只要你的势能足够高，就会有高端用户找到你，并且愿意为你付费。关键在于你是否能为用户创造价值，是否能让用户拿到结果，是否有一套完善的交付体系，这样的超高阶产品个人 IP 一个人完成不了，需要借助团队，并且这个小团队里的每个人都要精通自己的业务，这样才能服务好高端用户。

接下来介绍另一种常见的商业模式：超级 IP 商业模式。

这种模式适合粉丝量不多、小而美的个人 IP。产品可以这样设置：

- 引流品：低价课或单次付费咨询。
- 信任品：短期训练营或年度会员产品。
- 利润品：私房课、私教班。
- 高阶品：私塾班。

该种商业模式的产品价格高低主要根据个人 IP 的综合能力来定，你的成功案例越多，势能越高，你的收费就可以越高。

我们菁凌年度会员孔蓓老师的定位是个人品牌商业顾问，其商业模式就是超级 IP 商业模式。她的产品体系是这样设置的：

- 引流品：个人品牌运营类书籍，个人品牌创富营试听课。
- 信任品：孔蓓个人品牌创富营，这个产品属于年度社群。
- 利润品：孔蓓个人品牌线上私房课 5999 元 / 年。

- 高阶品：孔蓓个人品牌私董会 2 年 10 万元。她的私董会产品是通过私教产品一步步升级的，价格也从之前的 29800 元涨到了 10 万元，她的年营收也从之前的百万元跃升至近千万元。

你能看到，我与孔蓓老师的时间越来越值钱，是因为我们打造了高付费产品。你也可以根据自己的情况搭建适合你的产品体系，刚开始时收费便宜些，当你的个人品牌升级之后，财富自然会涌向你。

为什么我们要做短视频？因为短视频依然是未来 3 年的红利，是提升个人 IP 影响力的利器。当你的个人 IP 势能越来越高，你的收费就会越来越高，并且被你吸引来的有高付费能力的人也会越来越多。IP 是有议价权的，可以溢价。流量就是财富，爆款短视频是获取流量很好的方式。

今日思考

- 认真构思如何搭建你的产品体系。

3.5 传播：如何通过定期做影响力事件来吸粉

什么是影响力事件？

比如说做一场成功的大发售。我一年会做 3 次大发售，打造百万里程碑事件。在这个过程中，我会搭建裂变铁军助力我进行发售式裂变。比如，2024 年 9 月，在菁凌铁军们的助力下，一场发售裂变了 5000 人报名李菁创业 8 周年重磅公开课，实现了影响力和财富力的大升级。

如何做好影响力事件？

一种方式是帮助“牛人”，为牛人提供价值。我崇拜猫叔，想让猫叔记住我，想和猫叔产生更多的连接。于是在 2021 年 5 月，我连续一周每天都在朋友圈宣传猫叔。受我的影响，有 175 名用户直接购买了猫叔 365 元的知识星球，产生了 6 万多元 GMV（商品交易总额）。由此，猫叔一下子记住了我，还给我颁发了剽悍品牌特训营的影响力人物奖杯。因为我帮助了“牛人”，“牛人”身边的人也就记住了我，就会对我产生好奇，很多人主动连接我，甚至付费向我学习。

也可以参加有知名度、有影响力的活动。比如，我曾受邀在视频号官方活动“八点一刻”做直播，该场直播场观 5 万多人，我的势能提升了，关注度一下子也被拔高了，很多打造个人 IP 的朋友都在私信我如何做有影响力有成交力的直播。在为对方提供价值的同时，我展现了自己的能力，对方又果断报名了我的菁凌年度会员产品。

我真真切切地感受到了影响力事件的裂变效应，所以我建议，**你要想持续涨粉，得多做影响力事件。**

今日思考

- 你会通过哪种方式为自己规划影响力事件?

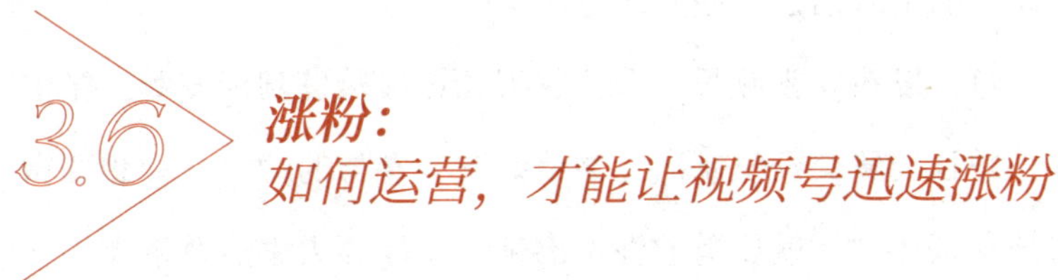

3.6 涨粉：如何运营，才能让视频号迅速涨粉

对于视频号来说，创作好内容很重要，但是学会运营，能让你的视频号更具影响力。那么，如何运营，才能让视频号迅速涨粉呢？

1. 如何打造有影响力的视频号

影响视频号权重的 6 个因素依次为：原创度、内容质量、好友互动率、作品垂直度，完播率、发布频率。

（1）原创度

发布的视频尽量是自己的原创作品，根据自己的定位设置内容，有自己的个人属性。

（2）内容质量

增加点击率的首要前提是保证质量，因为只有高质量的短视频，才会有人愿意点赞和转发分享，才能被更多人看见。

（3）好友互动率

基于好友关系，将视频号在微信生态内扩散，这里的微信生态指的是微信群、朋友圈等。

每次发布完视频号，我会将视频链接转发到朋友圈、微信群，并且设置奖励机制，让微信好友有参与的动力。你想要微信好友做什么，就要勇敢地说出来。你需要大家点赞留言，就说：你们点赞留言我会很开心，并且会给幸运者送奖品。

我还建立了50个粉丝群，我每次发了新视频后就会在这些群里转发一次，让大家留言，并且发红包引起她们的注意。每天我还会公布前一天的幸运朋友，让看到的人更有参与的动力。我发现，如果我没有把自己的视频号发在这些社群，点赞率和留言率就会很低，但是一旦我转发到各个社群，并且发红包，数据提升就很快。因此，建议你一定要建立自己的粉丝群。

此外，别人给我们的视频号留言之后一定要及时回复，这样能提升视频号的权重，也能增加留言区的数据。比如，有30个人在评论区留言，我们回复之后，留言数据就会显示有60条评论区。

另外，要学会在评论区与你的用户互动。视频号大咖李筱懿的每条视频的置顶评论都是她写的一个问题，这样用户看见了就会参与评论互动。

（4）作品垂直度

视频号的内容要根据自己的个人品牌定位来创作，有垂直度才会有忠实粉丝关注，不能今天发这个领域的内容，明天发另一个领域的内容。视频号内容与朋友圈内容要求不一样，要更加严谨些。我们需要深耕一个话题或者一个种类，垂直度高，用户才更精准，更容易被系统精准识别和推荐，从而提高作品的曝光度。

比如，我之前是手机摄影美学导师，主要的产品是线上手机摄影美学课程。如果我在“遇见李菁”这个生活号上经常发一些摄影作品，发摄影剪辑技巧，就会缺乏垂直度。所以，我又重新打造了一个视频号“手机摄影美学导师李菁”，在这个视频号分享摄影剪辑干货。而生活号“遇见李菁”就专注于分享一些美好的生活状态。

如果你也是如此，既想用视频号记录自己的生活，又想做带有专业性知识的视频号体现自己的专业度，吸引自己的潜在用户，那么你可以开两个号，每个号呈现不一样的你。

（5）完播率

为了提升视频完播率，首先，视频长度不宜过长，要控制在 15 秒、30 秒或者 1 分钟以内。其次，内容要尽可能带有话题性、共鸣性，吸引用户互动。现在视频号已经可以发布长视频了，但是我并不建议频繁发布长视频，因为目前在视频号平台，一分钟的短视频的完播率更高。

以我的学员微笑莲为例，她发表的关于微距摄影的短视频在视频号上面有几十万的浏览量，点赞量也高达几千。我向她咨询经验，她说：第一，她刷视频号后发现讲微距摄影的人很少，所以她选择了这个赛道，以增强差异化优势。第二，她会加一些励志的情感话语。第三，她的每个视频都控制在 15 秒左右。因为她做的视频比较短，完播率更高，系统测试之后就会推荐给更多人。

（6）发布频率

尽可能在固定时间发布作品，这样用户总在同一点时间刷到你的视频，慢慢地就会对你的内容产生兴趣。而已经是你粉丝的用户，也会在某个固定时间段来看你的新作品，加深了粉丝的忠实度。

目前，视频号推送作品的间隔时间为：3+6+18+24+24+24，一共 6 次推荐。发布视频作品后，基本上每个作品会在发布后的第 3 个小时、第 6 个小时、第 18 个小时、第 24 个小时内获得系统推荐。而发布作品后的第 48 个小时内和第 72 个小时内，系统会为你再度推送。如果过了 72 个小时，你的作品还能继续收到观看、评论、点赞，那你的作品就真正上热门了，接下来还会被反复推荐。

发布作品后，通过在朋友圈、粉丝群等私域环境进行传播，获得一定量的完播率、转发率、点赞、评论，就可完成“冷启动”，接下来就是视频号为你进行的几次推送。傍晚和晚上这个时间段发布的视频浏览量最高，互动的概率也会上升。由于每个视频号都具备自己独特的属性，你可以根据自己的情况进行调整。

2. 视频号增粉小技巧

有一些引流的小技巧可以分享给大家。

（1）评论区引导添加微信

我会在视频号留言区置顶一条留言，比如说：“只要你点赞这条视频，添加我的微信，备注‘520’，我就会送你一份礼物。”

（2）巧用点赞，增加人气

只要你的某个好友给你的一条视频号视频点赞，该条视频就会被她的微信好友刷到，因此，你可以让朋友圈的好友多给你的视频点赞，这样就会有更多人看到。点赞数越多，平台就会关注到你的这条视频，后台就会把这条视频推荐给更多相匹配的用户。

比如，我浏览量最高的一条视频是 270 万，刚开始发布的时候只有几千观看量，但是因为点赞的人多，平台持续推荐，我的这条视频便被更多人看到了。

（3）巧用互推，增加影响力

可以与一些同频的朋友进行视频号互推。我试过很多种互推方法，最好用的是微信朋友圈互推。朋友圈互推，准备好文案，文字不用太多，有吸引力就好，图片可以仅放一张你的视频号二维码，也可以加上你的个人简介海报。你的朋友推荐你，相当于他替你做了背书，他的朋友就会对你产生好奇进而关注你。通常我每次互推就会有 100 个新朋友加我。

这里强调一点，就是在文案最后要提示说在视频号私信我，回复互推朋友的名字可以获得礼物。

现在的商业体系什么最贵？是流量。如何获得流量？最便宜的方法就是创作优质内容。优质内容如何展示？拍短视频，既简单易操作，又效果显著。

比如，我在 2021 年 12 月 20 日生日那天发了一个我的个人故事短片，短短一天就有 1000 多个赞，接近 3 万的浏览量，到目前已经有 3000 多人点赞，超 10 万浏览量。有陌生人看了视频，喜欢我的故事，就会来加我的微信。而在视频下方的文章留下添加微信的方式，便是非常好的引流方法。

不断创作优质内容，不断更新短视频，我的视频号“遇见李菁”已经积累了 3.9 万粉丝。而这些粉丝中，又有 8000 多人成了我的微友。这就是短视频的力量。

未来任何一个行业都绕不开短视频，它既是当下的风口，也是未来长期受益的赛道。躬身入局视频号，做好短视频赛道，未来的你，会感谢今天所做的所有努力。

今日思考

- 梳理自己的个人成长线，为自己拍摄一支个人故事短片。

3.7 留量：如何做直播，才能让流量变成留量

现在是一个全民直播的时代，直播对于打造个人品牌而言，是一个快速扩大影响力的手段，因此掌握直播技巧至关重要。

第一次直播时我非常紧张，因为我一直觉得自己的口才不好，面对镜头时会紧张，一开始甚至准备过逐字稿，但是很快我发现对着逐字稿说话显得生硬，眼神不能看着镜头，无法与观众交流。经过几次直播之后，我逐渐放松下来，我也发现自己的表达力并没有想象中那么差，而且表现得一次比一次好。

后来我才明白，表达是独立思考的延伸。因为我看了大量关于个人品牌的书，每天会写 1000 字关于个人品牌的文章，所以我在这个过程中沉淀了独立思考的能力。直播时，我只是将平时对这些知识点的梳理与思考分享出来。当我的输入不断增加时，我的输出也变得越来越有底气。

而且我发现，每次直播结束后，就有很多微信好友加深了对我的认知，并且会对我刮目相看，对我产生更大的信任。这是因为直播能够充分展现一个人的思想魅力，在直播的过程中，我又一次次地向更多的人推广了我自己。

作为个人品牌塑造者，特别是知识 IP，我们不能把粉丝当作一种营销资源，一心想着让流量变现。我们要先把粉丝当朋友，了解粉丝的需求，分享干货知识、有价值的信息，这样才能沉下心来做粉丝的“工匠”，用优质内容、独特的个人魅力留住他们。

直播时，可以引导粉丝加入你的粉丝群，以后每次有直播都可以在群里第一时间发布，这些粉丝也能成为你的潜在用户。

直播可以卖有形产品，如书籍；也可以卖无形产品，如你的课程、会员等；还可以什么都不卖，只是分享干货知识、经验，也能很好地营销自己。我们即使当不了专业主播，也可以通过直播实现个人品牌影响力的倍增。

我们还可以通过视频号直播连麦来获取流量，这件看起来不太起眼的小事，其实能成就大事，尤其是连麦大咖。为什么？

首先，大咖就是最好的资源。大咖本身自带流量，和大咖连麦，有大咖做背书，从而也就增加了你的曝光度。有曝光就有流量。

其次，直播连麦也可以实现破圈和连接。即便素未谋面，即使相交尚浅，但思想的碰撞，足以让相隔千万里的两个人相遇。

我曾和很多大咖老师连麦，如百万畅销书作家秋叶大叔、行动派创始人琦琦、百万畅销书作家十二、与君资本创始人张琦、企业管理专家萧大业、新商业女性创始人胡萍校长……很多老师我们并没有见过面，但是通过视频号直播连麦，我们不仅加深了对彼此的了解，还带来了更多合作机会。

多一次连麦，多一次曝光，也就多了一份滋养、一份信任，甚至多了一些隐形财富。连麦的过程你不仅能不断升级迭代自己的认知，提高自己的价值，大咖也会主动来连接你。

即使暂时没有机会连麦大咖也没关系，可以先从身边的朋友开始。只要迈出了第一步，就会有第二步、第三步……只要连麦了一个人，就会有第二个人、第三个人……

如果说短视频是获取流量最便宜的方式，那视频号直播就是快速涨粉最有效的途径。

通过真人出镜，观众能够看到你的样子，听到你的声音，能感受到你真实的状态，感受到你的人格魅力。因为感受到，也就有了信任。信任一旦建立，用户自然会关注你。

然而，个人微信是有局限性的，当同时有上百个人来加你的时候，个人微信无法承接这么多流量。那怎么办呢？放弃吗？那可是一个个为你而来的粉丝，就这样让他们走了吗？当然不是。

你可以申请个人的企业微信号。企业微信可以弥补个人微信的局限，它可以挂在视频号的主页。直播时，要记得引导大家添加你的企业微信。你可以设置一定的话术，如“加企业微信领取福利”等。人只要留在你的企业微信里，就存在被导入个人微信的机会，何愁留不住人呢？

今日思考

- 你会怎么让直播为自己赋能，让流量变成留量？

第 4 章

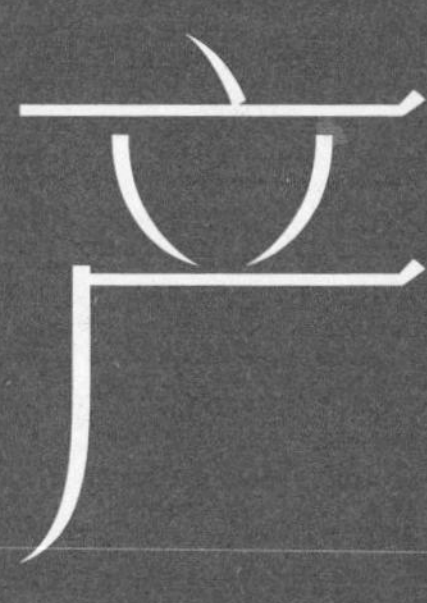

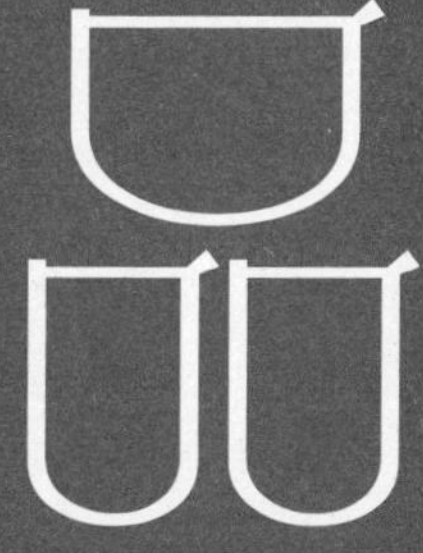

产品力

搭建可变现的
产品体系

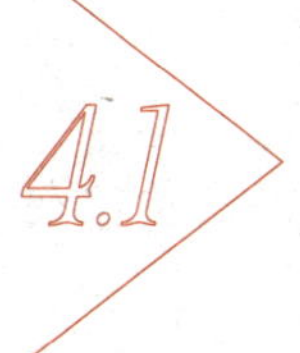

4.1 产品：如何搭建出适合 IP 的分层产品体系

个人品牌产品体系中包含这三大类产品：流量品、利润品、拓展品。这三者在个人品牌建设中各有其独特的作用和定位，通过合理设计流量获取体系与转化体系，可以有效提升个人品牌的影响力和盈利能力。

1. 流量品

流量品是在个人品牌产品体系中用于建立信任、吸引用户的产品，不以这个产品赚钱。流量品的属性是：

- 性价比高。在同品类中以较高的品质、相对低的价格交付给用户。
- 普适性强。产品适用于大多数人，受众范围广泛，能够快速吸引大量用户。
- 易于成交。用户能够快速决策并购买，快速聚拢流量。

例如，知识 IP 会用 9.9 元、19.9 元的线上课程或者社群课程作为流量品，吸引用户，尽可能多地把流量聚拢到平台。2019年，我推出了一门6.9元的引流课，吸引了1000个微信好友报名。

此外，像口碑训练营、王牌训练营也属于流量品，价位在1000元以内的知识付费产品都属于流量品。为什么？

因为当你把训练营打造成口碑产品，就会有源源不断的转介绍用户。以我的手机摄影美学训练营为例，收费是899元/月。我通过做这个训练营吸引了许多爱好摄影与美学的朋友成为我的用户。学员学完之后有收获，又为我介绍了许多新朋友。通过这个训练营，我建立起了与学员之间的信任关系，积累了一个5000人的摄影用户私域流量池。

流量品的核心价值在于建立信任关系，而非直接盈利。营销的本质不是把当下的产品卖出去，而是为了获取更多的忠实用户。我们要坚持长期主义，把眼光看得长远点。

2. 利润品

个人品牌创业者的利润品是生存的根本，是用户在与个人品牌方建立信任后愿意购买的高利润、高客单价产品。

例如，在知识付费领域，**常用公开课做吸引，用低价引流课做信任，用高价课做利润。**菁凌年度会员的VIP社群就是我现阶段的利润品，我有 120 名终身制会员，每人学费是 10000 元。目前，我已经不再招募终身制会员了，而是推出菁凌年度会员，特惠价是 9800 元 / 年。

明确了菁凌年度会员是我的利润品后，我会花大量的时间与精力去运营好这个社群，真正让这群信任我的女性得到成长。具体措施包括：

其一，我会一对一解决她们在个人品牌商业模式上的卡点，给她们提供更多副业赚钱的机会。

其二，我会聘请她们成为菁凌研习社的金牌导师、咨询师，在我的 8 万私域流量中推荐她们，让更多同频者与她们连接，购买其产品。

其三，我会带着她们一起学习进步，且菁凌年度会员可以听我们平台所有的课程。我也会亲自为她们赋能，每周在群里为她们答疑解惑，邀请大咖为她们做商业思维的密训。

其四，我会关注会员的内心需求，在她们每个人生日之前寄出精心挑选的礼物，不定期给她们送好书，并且是人手一本，让她们感受到我的关爱。

为什么菁凌年度会员这个产品收费并不低，但是依然有很多女性报名？是因为我在用心做好这个产品，能为用户提供足够的价值。我会不断思考，用户需要什么？我如何才能成就她们？在我的影响与帮助下，更多的菁凌年度会员在商业上取得成绩，实现个人价值变现。当会员在商业上取得成功时，我的成功案例就会更多，也会有更多人加入这个大家庭。

很多学员问我，如何才能销售自己的产品？其实，最关键的是打造成功案例。当你凭借自身的产品或服务助力他人达成目标、解决问题，从而成就他们时，自然会有更多人想要为你付费，想要靠近你，得到你的帮助。

当然，这是需要根据你自身的发展情况来定的。如果你刚刚起步，不要马上打磨出上万元的产品，因为即使打磨出来这样高客单价的产品，也很难卖出去。那 9.9 元、19.9 元这样价位的短期训练营就是你的引流品，199 元～ 899 元的训练营就是你的盈利品。

因此，每个学员都需要根据自身的情况打磨出适合你这个阶段的引流品与利润品，在此过程中提升自己的专业能力，你提供的价值越大，打造出的成功案例越多，你赚到的钱也会更多。

3. 拓展品

借助产品与用户建立起足够的信任关系后，针对同一类人群，可以进行同一属性人群的产品品类扩展。扩展品的核心是服务于同一类型的用户群体，实现复利效应。

以我为例，在我有了一定的影响力之后，我打造了“菁凌研习社”这个线上教育自品牌，签约了专业摄影老师成为我们平台的讲师，陆续开设了一系列关于手机摄影、个人品牌、声音变现、写作等方面的优质课程，这些就属于我的拓展品。跟我建立强关系的用户会不断购买我们平台的课程，这就是在现有流量池中服务的同一类型用户。

我有一个学员本来是做身心灵疗愈领域的，她跟我说，她觉得自己擅长营销，想拓宽一个领域，在线上开一门营销课，问我是否可行。我立即否定了她的这个想法。因为身心灵疗愈领域的用户与营销领域的用户是完全不同类型的用户，这样做只会消耗她的个人品牌。

比如，我的好朋友弘丹老师设有写作课程，她的拓展课程有听书稿写作课、文案写作课、今日头条变现写作课、零基础写作课等，这些课程与她的用户类型完全匹配，所以她的铁杆粉丝能不断地去购买她的课程。

我们在拓展产品时，不管是自己的系列课程，还是与其他老师合作的进阶课程，都要考虑到课程的用户类型是否与现有流量池中服务的用户类型相同，这样才能实现复利效应。

对于刚开始做课程的创业者，可以先找到一个细分领域去深耕，找到自己的优势和定位。当然，每一个个人品牌塑造者都不应该给自己的创业之路设限。当你发展到一定程度，在所在领域已经做到足够优秀的时候，就可以升维。比如，我现在教学员如何通过打造个人品牌创富，就是实现了课程体系升维，我把自己通过手机摄影美学导师这个个人品牌在互联网上创富的经验与方法分享给这些用户，助力他们也能找到适合自己的领域，找到个人品牌定位，实现财富与影响力的升级。

最后总结一下，对于刚涉足微信私域流量的个人品牌创业者来说，要先规划好两类产品：流量品和利润品。先通过流量品与用户建立连接，先让用户看见你、相信你，愿意被你成交；然后开发利润品。当流量产品引来流量后，如何进行承接转换、深度变现是核心。

在一个完整的运营体系中，产品、流量、转化之间紧密关联，关注每个细节，不断调整优化，才能让你的个人品牌越做越好。

今日思考

- 根据你的个人 IP 定位写下你的分层产品体系。

裂变：如何搭建价值百万的合伙人模式

你向往静谧闲适的田园生活，却因事业牵绊无法真正去享受；你想打造个人 IP 突出重围，却常常孤军奋战又收获甚微；你不愿被时代的浪潮淹没，因而心力交瘁。

世界上只有一种英雄主义，那就是在认清生活的真相后依然热爱生活。

如果你也感到自我的商业认知一直套在怪圈中无法超越，个人 IP 无法达到实质性突破。我想对你说，如果你能鼓起勇气做出改变，生活就会奖励你一个全新的开始。那么，改变现状、冲破思维局限的关键步骤就是：搭建合伙人模式。

你或许会有这样的困惑：如何搭建合伙人模式才能发挥自己的最大势能？如果你想搭建合伙人模式却苦于没方法、没成效，那本章将从 5 个方面系统地为你答疑解惑。

本章信息密度较高，干货满满，记得静下心来，与我一起思考。

为什么个人 IP 要做合伙人模式

我相信许多人都有这样的困惑：“明明是打造个人 IP，为什么还需要采用合伙人模式呢？”因为个人 IP 如果想发展成平台，人才是必不可少的，合伙人模式能够为人才的加入提供土壤。许多线下品牌早已采用销售合伙人模式，通过开设分店、吸引合伙人加盟扩大影响力。

线上跟我们学习的大多为知识 IP。知识 IP 除了少数伙伴有实体产品外，绝大部分是想学习在线上通过合伙人模式创业。

合伙人模式有两大优势：一是共创优势。共创优势体现在身份感和集体荣誉感上。所有的动力，都来自内心的沸腾。例如，你是菁凌合伙人，你就会给自己标注出这样的身份使别人知晓，这个过程中就把我们的品牌推广出去了，与此同时，你也会从集体中获得荣誉感。二是裂变优势。裂变式营销能够快速地裂变人才并增加我们的营收。通过这种模式，可以进一步扩大我们的品牌影响力。

哪些 IP 适合采用合伙人模式

知识付费的商业模式分两种：一种是平台模式，另一种是超级 IP 模式。

超级 IP 模式的客单价通常较高，用于精准地服务少数高精尖的用户，它的规模是有限的。那么，要如何确定适合自己的合伙人模式，并精准发力呢？

第一，做合伙人模式需要有一定的基础流量。你的微信里要有几千人的私域流量，即使现在没有达到，但你也要有获取流量的目标和用内容获取流量的能力。

第二，要有团队。如果想要采用合伙人模式，就需要有人来服务这些用户。之前，在我只做手机摄影训练营的时候，助理在线上兼职服务就可以了。但是自从我使用合伙人模式之后，我发现人手明显不足，必须有人专门负责合伙人这一板块，因此我又招募了几位全职助理。随着团队人数的增多，我的合伙人规模也越来越大，这是个积极的信号。

今日思考

- 思考自己目前的状态是否适合采用合伙人模式。

合伙人模式的避坑指南

1. 不要设置终身制

要相信，只要你的产品足够好，能够为用户带来真正的价值，那些真正爱你、信任你的人自然会加入合伙人的行列，消费更高端的产品，不要被终身制束缚，要保持产品的灵活性和吸引力。

2. 万元以下的合伙人，产品创始人不做一对一的语音交付

在刚刚起步时，你可以尝试做一对一的交付。但如果你想做更大规模，一对一交付对你来说，时间是不足的。随着规模的扩大，你的时间精力会越来越有限，但当下最关键的，就是要把交付体系做好，此时对于万元以上的合伙人，可以做语音交付；如果是万元以下的合伙人，就以文字交付为主。

同时，我们要有意识地去培养团队，要去发现身边交付能力强的人才，把交付的事情交给他们去做，而创始人要多考虑战略上的事情，如定方向、创作内容、增加势能，以吸引更多的流量。

3. 不要对续费抱有太大的期待

我曾咨询过一些做年度高端社群的顾问，他们都告诉我说这种会员的续费率都很低。

所以我们要转换策略，要考虑如何能让老合伙人带来更多的新合伙人，或者做向上销售，让老合伙人升级来购买我们更高阶的产品。

今日思考

- 请结合避坑指南，调整自己的合伙人模式。

如何招募合伙人

1. 找准用户画像

我的定位是女性个人品牌商业顾问，致力于帮助女性打造可变现的个人品牌。所以我的合伙人很特殊，只有女性。我的用户以 25 岁到 45 岁的女性居多。她们和我一样，是一群喜欢美好生活，并愿意把生活过得有滋有味、丰富多彩的女性。

你是怎样的人，你就会吸引怎样的人。你的合伙人画像取决于你的个人特质和业务定位。我喜欢写书、摄影。做美好事情，过美好生活，以安静清新的特质吸引用户。这成了我的企业基因。而我吸引到的也是跟我同频的人。

所以，**找到精准的细分领域，能发挥出垂直领域的更大优势。**

2. 明确合伙人的权益

例如，你能提供给合伙人专业而中肯的咨询，你的团队能交付课程，甚至升级版权益课程都包含在福利里面。

你还能为合伙人提供圈子。我们的合伙人非常多，很多人想在这里找到自己的用户。找自己的盟友也是进圈子的优势之一。

当然，合伙人的权益是有限制的，其权益是一年之内有效，第二年不续费就会失效。这样就可以促使他们在一定的时间内把这些课程听完，也起到督促用户的作用。

3. 设计能体现自身差异化优势的海报

海报中所涵盖的权益并非越多越好，而是要在权益中把你的差异化优势凸显出来。

我会把提供流量资源放在突出位置。用户觉得有我的流量扶持，还有密训学习的加成，便有了加入的动力。

今日思考

- 你更倾向于哪种招募合伙人的方法？为什么？

如何运营合伙人社群

我刚开始运营合伙人产品的时候走了许多弯路，如不懂如何精细化运营自己的社群。而现在，我总结出了一些有效的方法，分享给你们。

1. 建立日常运营固定化栏目

我们一个星期固定有 4 场活动。周二是我们的连接日，周三是大咖密训日，周五是合伙人内部分享日，周日是合伙人的圆桌会议日。时间偶尔会因市场活动稍做调整。这种固定持续的赋能活动能够让合伙人感受到社群的价值，吸引她们的持续关注。

我加入猫叔的社群的 4 年间，他会给我们一些指令，比如周一是报喜日，我就会将周一的某个时间段用来关注社群信息，发现其中的用户价值。

2. 一定要懂得报喜

如果你发圈说你赚了多少钱，大家会觉得太卷了，会让人产生焦虑感。这不是说那就不要发，而是要正向卷。比如，感谢群里帮助过自己的各位老师，梳理自己取得成果的经验，分条分点地编辑好文字，然后分享出来。大家看到你的内容很有价值，就会去加你。而你在提供价值的同时也积累了用户，何尝不是一举两得呢？

而温度感满满的惊喜也是必不可少的。寄给合伙人生日礼物，以及情谊满满的手写卡片，都是温暖的体现。当他们发朋友圈感谢你时，其实也在隐性地推广你的品牌。**温暖不是刹那间想起，而是把温暖的生活过成了常态。**

3. 通过直播批量式扩大生源

2021 年 8 月，Angie 老师到古镇与我交流，她说：“你的能力很强，但是你缺少营销思维，你应该破除你心里文艺女青年的卡点，你得做一下群发售。”我听取了老师的建议，在

8 月做了群发售，马上招到了几十个合伙人，也获得了 40 万元的营收。12 月又做了一次，营收 50 万元。后来又做了一场直播发售，营收达到 100 多万元。这便是批量式成交的威力。

授人以鱼，不如授人以渔。

在搭建合伙人的商业模式上，希望你与我一同践行上述方法，在各自的赛道中展现出更自信、更耀眼的姿态。**我希望我的经验能帮助更多女性变得又富又美，我真诚地愿你在物质与精神双富有的道路上，遇见更美好的自己。**

今日思考

- 如果是你自己的合伙人社群，你打算如何运营？

4.3 品质：设计好产品内容，是留住用户的关键

互联网开启了内容创业新时代，绝大多数的个人品牌塑造者都是在做内容创业。而设计好产品内容，是打造个人品牌的关键。

我们不能盲目地选择宣传渠道，而是应该先想好要做什么内容产品。爆款内容才能为你的品牌带来传播度，而对用户有价值的内容才能真正打动用户。用户的长期消费一定是产品本身让他觉得信赖与值得，好的内容是消费的入口。

我以前在朋友圈推荐过一个好课程，结果有多个好友私信我，说之前上过这个老师的课程，觉得体验很糟糕，有被“割韭菜”的感觉。这是万万不行的。

在互联网上打造自己的课程时，就要全心投入、精益求精，将课程打磨到最优，要对用户有价值，要处处为用户着想。

只有把内容做好、服务做好、课程体系搭建好，才能给学员很好的交付，这样老学员才会推荐朋友来学习，你也不用担心下期招生的问题。先优化好内容，再全力去营销，这样才能

更有底气。

围绕自己的品牌方向，做出相关内容的爆品去刺激用户重复消费，这也是让个人品牌保持生命力的方法。我之前的核心课程是手机摄影美学训练营，学员学完之后还想继续学习，我就签约了一些摄影讲师，给他们在我的菁凌研习社开设手机静物摄影课、手机短视频课、手机摄影后期课、手机人像摄影课等大咖好课，一个学员可以在我们平台实现多次消费。

我发现身边很多学员都有一个问题，就是当下正在做的训练营都还没有打磨好，还没有设计好每个环节，就急着开发下一个训练营。好的产品一定不是急功近利的产物。我是在办了 3 年手机摄影美学训练营之后才开发后面的课程的，从第一期到第十五期，每一期都在优化每一个细节，比如上课的方式从微信群到小鹅通，交作业的方式从发邮件到直接上传到鲸打卡，社群服务团队从我一个人到几十人，上课时间从三个月到一个月。

也许你们听到上课时间这个部分会好奇，为什么一个训练营会从三个月缩短为一个月？因为我们在举办了很多期训练营之后发现，学员的积极性一般在第一个月最高，越到后面积极性越弱。每个人的时间都是宝贵的，我们需要抢占用户的注意力。如果时间过长，学员就会有一种心理——不急，慢慢学，反正还有时间。这就导致学习效果会受到很大影响。

于是，我们将手机摄影美学训练营的上课时长从三个月调整到两个月，又调整到一个半月，最终调整为一个月。我们把课程精简到 12 堂课，内容更加聚焦，实操视频更多，学员进步得也更快了。

其实我们做课程并不是时间越长越好，而是要优化到在最短时间内把有效的知识传递给学员，让他们马上就能学以致用、获得结果。因为我会处处为学员考虑，所以我们的手机摄影美学训练营才会成为核心爆款产品，才会有那么多老学员介绍朋友加入我们的训练营，仅仅通过这个产品我就变现了百万元。

2020 年，有一位做课程的专家老师成了我的顾问，他教我的第一个知识点是，要把训练营的运营部分做到极致。他告诉我，一定要做运营日记，可以用石墨文档，带着全职助理与兼职运营团队去填写每日的工作清单。

正是从那时起，我们团队的每一名运营社群的兼职助教都需要填写运营日记，日记里包括今天私聊学员的情况、学员交作业的情况等。当我们把运营落实到每个细节之后，社群运营人员更加清晰自己每日的工作方向，学员的反馈也更好了。很多优秀学员在我们的菁凌社群中感受到了助教满满的爱，后来她们也陆续申请加入了菁凌研习社的运营中心，在这里学习运营社群的知识，并且把这份向美而生的力量传递给更多学员。

亲爱的朋友们，当身边的人都急躁着研发一个又一个产品时，我们一定要让自己慢下来，去打磨一款爆款产品，把内容设计好，你的个人品牌口碑也会传播得更快，影响力也会很快得到升级。**有时候慢下来，是为了反弹得更高，跃迁得更快。**

今日思考

- 你打算如何优化自己目前的产品内容？

4.4 引流：如何打造出高质量的个人品牌引流课

很多学员想做 9.9 元或者 19.9 元的短期引流课，却不知道如何招生、如何运营、如何提高进阶课程的转化率。这一节我就结合自己的实战经验为你分享一些我自己做高质量引流课的心法。

首先，我来拆解下我在 2020 年开设过的一门引流课——5 日手机摄影美学训练营。

1. 增加更多的互动环节

我的 5 日课程是提前录制好的视频课，招生的时候给学员承诺的是一次答疑课，但是为了跟学员有更好的互动，我临时增加了答疑工作量，改成这 5 天每天都做一场线上答疑。

在答疑的过程中，我跟学员有了近距离接触，一对一解决了学员的问题，让学员感受到了超值体验。所有这些付出的时间和精力，学员都能感受到。

2. 用激励机制让更多学员发声

这个课程，我建了 6 个群，每个群 100 名学员，配备一名班主任。我们每天都会在每个班选出若干名优秀学员，给优秀学员做表彰海报，赠送礼物给最优秀的那一名。我们会让优秀学员在群里发言，分享自己的学习收获。

每天晚上我们也会让学员写“今日复盘”，并会评出“复盘之星”，送出礼物。写复盘的好处是：第一，可以让学员梳理自己的收获；第二，学员复盘的内容也能成为我们的教学成果，可以收集起来，成为我们进阶班招生的学员反馈素材。

3. 给的干货越多，建立的信任就越大

为了这门引流课，我准备了很多干货，从课程内容到答疑环节，都尽力做到高质量输出。此外，我还聘请了若干名点评老师，每天轮流点评各个群学员的作品。

仅仅是支付给点评老师的费用就早已超出了我们引流课挣到的钱。我们之所以愿意付出这样的成本，是为了更好地服务学员，这样才能有更多的学员被我们充满仪式感的课程所吸引，继续报名我们的进阶课程。

你越是全力以赴，转化率就会越高。因为现在学员上的线上课程很多，他们在乎的是自己有没有在课程中学到干货，有没有得到超值体验。

接下来我再拆解下我在 2022 年做的一门升级版引流裂变课——7 日手机短视频训练营，收费 9.9 元，用小鹅通裂变海报的模式，仅 3 天就有 1200 个人报名。

为了做到精细化运营，我们一共建了 12 个群，每个群吸纳 100 名学员。社群运营助教共 36 人，一个班 3 个助教，这

些助教都是从老学员里培养出来的优秀学姐。7 天引流课之后，有 151 名学员报名了我们 399 元的 30 天手机短视频训练营，营收达 6 万元。

接下来我分享几点我的经验：

1. 提前准备好社群运营团队

引流课并不是报名人数越多效果就越好，如果报名的人多了，承接不住，反而适得其反。而且需要一对一沟通，给学员更好的服务，才会产生裂变。所以，提前培养运营助教非常重要。这里有一点特别关键，这些助教必须是你从老学员里培养出来的优秀学员，因为他们了解你的课程，并且对你信赖有感情。

2. 让你的产品使用者成为传播者

我们在推广引流课之前招募了年度会员，合伙人、助教团队都享有相关收益不同比例的分佣。引流课海报发布之后，她们都会自发地转到朋友圈、社群，成了我们的传播者，所以我们才能做到 3 天招到 1200 名学员。

3. 流量少、团队小怎么办

如果你现在还没有小鹅通这些工具，没有这么多社群运营人员，甚至没有这么大的流量，那怎么做好引流课呢？

你可以按照现有的、适合自己的方式去完成每个环节。比如，在招生环节没有小鹅通做裂变，你可以在海报上直接贴上自己的微信收款码，朋友圈的好友可以直接扫码购买你的课，他们把下单截图私信发给你，你就可以拉他们进入上课群了。

如果没有那么多社群运营人员，你可以申请企业微信，用企业微信拉他们进群。企业微信有很多好处，其中之一是可以给学员群发上课信息，甚至是发听课链接。个人微信群发消息太频繁会被封号，而且个人微信管控越来越严，很多营销行为会被制止，而企业微信的管控则相对宽松，所以务必重视企业微信。

微信好友人数不多、流量小也没有关系，可以让已经购买课程的人转发海报到朋友圈，只要转发并发截图给你，你可以额外送给他们一些福利。这也是一种裂变的方式。

你可以试着做一次引流课。很多事情，我们不逼自己一把，真的不会去做。做引流课之前我的内心有两个小人在打架，一个小人说，去行动吧，都答应自己了，说不定有惊喜呢。另一个小人说，算了，不要把自己弄得那么累，做这件事挺折腾人的，高阶课能招到多少学员是多少。就在这样的思想矛盾中，我行动了。而事后我发现真的只有做了，才会发现很多问题、解决很多问题。所以，不要犹豫，你也行动起来吧！

今日思考

- 如果给自己设计一门3天的引流课，你会如何设计招生裂变环节呢？

4.5 需求：如何通过用户反馈尽快弄清付费用户的需求

在互联网上，一门课程就是一款产品，好产品都是打磨出来的，课程的迭代，需要个人品牌塑造者持续不断地精进。

善于搜集整理用户的反馈，才会有迭代产品的方向，这就需要我们更加注重用户的表达权，加强与用户的沟通。以我运营的第十期手机摄影美学班为例，这个班共有 500 名学员，为了更好地与她们交流沟通，我规定自己不管多忙，每天都要一对一私信沟通 20 名学员，我会表达对她的关心，询问她上课的感受、有什么建议。为了做到有效沟通，我还专门新建了一个 Excel 表格，把我跟每个学员沟通的要点、学员的反馈记录在其中，这样我就可以很清晰地知道每个学员的学习情况。通过一对一沟通，我受益良多：我了解到我们课程存在的不足；部分学员会提一些实用的建议；学员感觉到被重视，也加深了我们之间的感情。

千万不要觉得自己太忙，没有时间，就只是让助教去做这种一对一沟通，只让助教去关心学员的学习情况就够了，自己就完全不参与，不去跟学员沟通，并不是这样的。

你可以反问下自己，如果你参加一门课程，主讲老师和助教发信息关心你的学习情况，哪一种你会更重视？我个人觉得主讲老师给我私信问我的学习情况，会让我更加重视这门课，把落下的课赶紧补回来。主讲老师也不用经常发，一个学期 1 ～ 2 次就可以，平时可以让助教及时鼓励学员听课、交作业。

另外，我们也要善用工具，搜集整理用户的反馈，更好地迭代课程。我自己常用的一个工具是金数据，助教群发给学员，在链接里设计一些问题，有选择题也有填空题，不限字数，这样每个学员会根据自己的情况来填表。学员填好表之后金数据后台都有完整的分析表，可以在后台快速地知道学员的想法，很方便。

每一门有口皆碑的课程都不是一蹴而就的，需要个人品牌塑造者不间断地通过各种渠道收集用户反馈，不断升级课程。没有完美的产品，只有持续追求完美的我们。

每一期课程我们都要在原有的基础上进行更细致的服务探索，把用户服务好，带给用户良好的体验感，我们的课程自然会收获好评，也不用愁下期生源，因为学员会源源不断地推荐朋友报名。

今日思考

- 如果你也有付费社群，不管是自己的社群还是别人的社群，可以花半个小时一对一用微信发文字关心 3 个群友。如果时间允许，可以语音约聊 1 个群友，然后写下你的收获和思考。

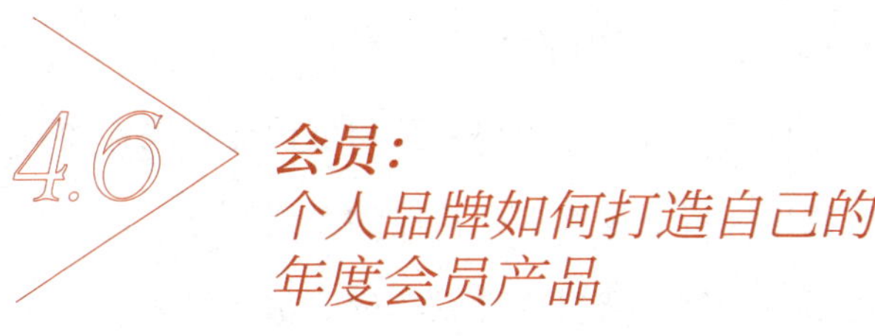

4.6 会员：个人品牌如何打造自己的年度会员产品

为什么个人 IP 都要有自己的年度付费会员社群？接下来我将结合我多年的实战经验为你揭秘其中的原因。

1. 招年度会员的重要性

为什么要招年度会员呢？底层逻辑就是你要筛选出你的种子用户。他们的优势包括以下几点。

忠诚度高：年度会员因一次性付费，更加忠诚，用户流失率低。

稳定收入：年度订阅模式能够提供稳定的现金流，便于公司运营规划。

传播品牌：满意的会员会自发传播品牌信息，吸引新用户。

洞察数据：长期关系有助于积累数据，深入了解用户需求。

通过招募年度会员，公司能够建立忠实用户群，打造成功案例，促进长期发展。

2. 如何设计年度会员的价格

对于这一点，你要认真考虑，你是想用低价课程来增加自己的人气，还是想用高价课程来提升自己的业绩？

每个人的需求不一样，我自己在做年度会员的时候，我的需求是增加人气，我想聚拢更多的人进来，但前提是要收费。很多学员建立了自己的免费社群，但是你会发现，运营一段时间后这个群就不活跃了，所以还是要做收费社群。

可以先做一个低价的年度会员产品，通过它来筛选出很多种子用户，让他们先进入你的流量池，你先好好地服务他们，让他们觉得很超值，他们如果有进一步需要，自然会去购买你的高价课程。

3. 如何设置年度会员的权益

（1）年度会员买课更便宜

比如，你后端还有 500 多元或者 900 多元的训练营，你可以给年度会员更便宜的价格。我这边给年度会员设置的是买课 7 折的优惠，这会让他们更有付费的意愿。

（2）年度会员分销赚佣金

学员如果自己报名，我的助理就会邀请她去发朋友圈，吸引更多人报名，她自己可以赚到佣金。你可以提前准备好一些话术，方便她发朋友圈，这样她会更有动力。

4. 如何运营好年度会员社群

（1）提前设置好年度会员社群的核心价值

你是自己授课，还是邀请别人来分享，这些你要提前和会员说好。我的年度会员以嘉宾授课为核心，我会邀请至少 40 位嘉宾给会员做分享，让他们在各方面得到提升。

这种方式的操作性强。你的个人品牌变现训练营里有这么多优秀的伙伴，你们相互邀请对方来会员群做分享，一年的大咖老师就足够了。

（2）极致利他，让会员被看见

每周都要提前设置好你每天的关键动作，让社群每天保持活跃。

以我的课为例，周三是固定的大咖分享日，让会员养成习惯在周三来听我们大咖老师的分享；我们还有会员分享日，让会员能得到展现自己的机会。

如果会员来做分享，你也要给他一些福利。我提供的福利是，在我的朋友圈里推广他的个人微信，不仅仅是展示会员，让他被更多人看见，也是给予他流量的扶持。所以你要提前告诉对方他们来分享会得到什么，我们要先去成就他人、极致利他，别人才会愿意跟我们一起成长。

（3）灵魂人物要经常出现为大家赋能

在你的年度会员社群里，灵魂人物就是你自己。

我会经常在我的年度会员社群里鼓励一些学员、回复一些学员，我也会在这个群里面给大家分享个人成长、亲密关系、个人品牌打造等方面的心得体会，让会员感受到我的赋能。

今日思考

- 如何设置自己的年度会员社群的权益？

4.7 复购：为什么要把复购当成营销的核心

将复购视为营销的核心，通过精准引导与持续刺激，激发消费者的重复购买与长期消费欲望，方能为产品注入源源不断的活力，使其在激烈的市场竞争中经久不衰，持续焕发生机。

在我的粉丝越来越多之后，有很多朋友邀请我加入他们的团队，销售他们的产品，但是我都一一回绝了，因为我一直想做一款有自己个人属性的产品。后来，我与菁凌年度会员紫苏一起合作打造了一款符合我个人特质的产品——菁凌见素小饼，这种小饼是由传统手工制作的，甜而不腻，用的油也是有机玉米油，健康又美味。小饼可以当早餐、茶点、零食。我几乎是每天早餐时都要吃一块菁凌见素小饼，有时吃的是甜味芝麻饼，有时吃的是咸味紫苏饼。据我调查统计，有 90% 吃过菁凌见素小饼的用户满意度都很高，分享说吃起来有童年的味道。

我为什么会选择做手工美食呢？因为民以食为天，如果用户觉得这种小饼好吃，就会持续复购。一盒小饼 12 块 48 元，相当于 4 元一块。因为是纯手工制作，成本偏高，所以定价也偏高，这就意味着购买我们这款产品的用户需要有一定的经济实力，并且拥有崇尚健康饮食的理念。这个群体是小众的，但是相信只要服务好一小群用户，也能实现创收。

如何才能促使用户持续复购呢？

1. 打造与众不同的产品

越是与众不同的产品，越能在用户心中占据特殊位置。虽然菁凌见素小饼价格并不便宜，但是因为它是传统手工制作的，少油少糖，无添加剂无防腐剂，秉持健康美食的理念，所以吸引了有相同理念的用户，才有了小众市场。我也曾想过降低价格，但是那就意味着要减少食材的成本，这违背了我们的初心，所以我们始终坚持用好食材来做小饼。

产品的品质是立足之本，无论你经营什么样的产品，最重要的是保证这个产品的质量，这是与用户建立良好关系的基础。只有保证产品质量才会有机会让用户源源不断地复购。

2. 提升产品的附加值

我们在打造菁凌见素小饼的时候加入了我和爱人闫凌的爱情故事，产品包装盒里放入了一张定制卡片，上面有我和闫凌的合照，还有一封写给大家的信。

来自李菁姑娘的一封信：

亲爱的朋友，感谢您对菁凌见素小饼的喜爱。

菁凌见素小饼，是美好爱情的见证，亦是传统手作人的坚守。

小饼的原材料来自美丽神秘的仙霞山，经由多道工序，纯手工打磨，健康、少油少糖、清甜回甘。

我们的每一块小饼，都凝结着自然的清香，饱含真诚与爱意。

青山悠然，流水自在，用心用情，方可见素见喜。

世界上最美好的事情，莫过于不期而遇。

愿遇见之后，美味与您长相伴。

这样就把一个普通的小饼加入了专属于“菁凌”的特质，让用户在吃到见素小饼的时候，就能想到我的美好爱情、理想生活，这种故事为小饼赋予了意义，塑造了其价值。

我还专门给菁凌见素小饼拍了一条短视频，整个视频没有一句推广语，但是却能让用户在观看过程中对见素小饼产生好奇心，也产生了好感。

3. 做好老用户的精细化运营

营销领域有一个黄金法则：开发一个新客户不如留住一个老用户。

那么，如何维护好老用户呢？

我会把她们拉进“菁凌美物”群，这个群里都是热爱生活美学、崇尚慢生活的女性，这也能让我更加清晰了解我的用户画像；我会给她们的微信备注好与小饼相关联的标签，这样我就更容易找到她们。我会收集她们的反馈，问她们对产品的评价，这样可以提高老用户的忠诚度，复购率也会提升。

总之，我们做产品，就要做一款能让用户多次消费的产品。

今日思考

- 此刻你最想用心打磨的产品是什么？可以是无形产品，如课程；也可以是有形产品，如茶叶、特色美食、护肤品等。为了让用户复购，你会做哪些努力？

4.8 价值：打造高价产品，让你的时间更值钱

1. 我的高价之路

你可以为自己的产品设定一个高价，这是一个使你脱颖而出、从优秀到卓越的好策略。

也许你与我一样，也会在定高价上犹豫，会迟疑，也会有疑问：会有用户购买吗？用户会愿意花这么多钱咨询吗？我能给他们提供高质量的交付吗？我还没有经验怎么办？

2020 年 4 月，猫叔建议我设置一款高价个人品牌商业顾问私教班产品，当时我不确定自己是否可以。猫叔鼓励我，说我可以通过打造手机摄影美学导师在互联网上创富，可以用这几年积累的经验帮助更多需要的人。

猫叔的话让我有了勇气和动力，我将私教班的价格定为 29800 元 / 年，服务内容是通过一对一咨询助力学员从 0 到 1 搭建个人品牌商业变现体系。私教班海报发布才一天，就有学员毫不犹豫地付费报名了。那一刻我觉得我好似一名高空跳伞者，对自己的不自信让我迟迟不敢往下跳，但是这时候有一位有经验并且了解我的人在背后推了我一把，助我完成了跳跃的动作，让我能在天空中翱翔。此时我才惊觉，原来，我早已具备了飞翔的能力，只是不自知而已。

之后，我用一年时间打造了许多高价产品的成功案例：

我的私教班学员露露通过营养搭配帮助学员变瘦，从而实现副业变现。

学员紫竹通过芳香疗法帮用户疗愈身心、释放压力，从而实现价值变现。

学员雪菲报名我的私教班之后，我建议她把定位升级为个人品牌战略导师，她很快通过个人品牌的课程与咨询服务实现了月入 6 位数。

……

我成就的人越来越多，我的收入也在不停上涨。当我有了资金储备之后，我不是去买奢侈品包包，不是去买名车，不是去应酬，而是把大部分钱用来投资自己的大脑，继续向厉害的老师学习。

2021 年，我陆续报名了创业导师 Angie 老师与薇安老师的私董会。虽然报名的费用加起来可以买一辆很好的车了，但我依然毫不犹豫地报名了，因为我知道，在她们的赋能下我会成长得更快。她们在帮助我解决商业卡点的时候，我会积累更多的实战经验，这些经验也可以让我有能力解决更多学员的难点。

后来，我参考了两位导师私董会的商业模式，开启了自己的私董会招募，收费 49000 元。我的私董会实际上就是终身制的私教，终身一对一指导学员，为学员提供优质的流量与资源，以及共建菁凌研习社的教育平台。我的菁凌合伙人秦小鱼很快报名了我的菁凌私董会，成了我的第一名私董会学员。她说，虽然我身在小镇，却持续在精进自己的商业思维，持续帮助他人，她愿意一辈子跟随我学习。

相信你的产品和价值，只要你提供的产品与服务真实解决痛点，就存在对应的消费群体，就一定会有人感兴趣。

2. 高价产品的意义

定高价的战略能让你筛选出对你倍感信任的超级用户，也能提升你的专业能力、沟通能力以及帮助别人解决问题的能力。

选择正确的人，才能让你的时间更有价值。所以，不是用户给钱我们就接受。在录取高定价产品学员之前，一定要做好筛选工作。这个学员是否有付费能力？是否有对成功的渴求？是否具备成功的要素？是否拥有一些必备品质？是否对你足够了解与认可？

打造高付费学员的成功案例，你在成就他们的时候，其实也是在成就自己。

我们如何才能实现个人品牌收益的最大化？有两种模式，一种是把低收费的产品卖给很多人，一种是把高收费的产品卖给少数人。前者可以获客、吸引流量、赚人气，后者是服务高端用户，实现价值的超级变现。

对于知识付费的老师来说，提供私教、按年服务的一对一咨询等咨询产品，你的时间会随着你阅历的增加、能力的增强而越来越值钱。也许你现在一个小时的咨询费用是 300 元，但是只要你坚持深耕一个领域，成为一个能成就别人、为他人提供巨大价值的人，你一年的咨询费用能达到 30 万元甚至 300 万元。

我读过一本书《成就》，作者是埃里克·施密特、乔纳森·罗森柏格、艾伦·伊格尔，书里有一句话我特别认可：“真正的‘成就’，不是世俗意义上的成功，而是成就他人，成就自己。商业领域也一样。成就的源头是对人对 The Wholesome Person（健全个体）的尊重和爱。”

所以，亲爱的朋友们，在个人品牌打造之路上，把成就别人放在第一位，你会拥有人生更多的可能性！

今日思考

• 为自己设计一款高价产品。

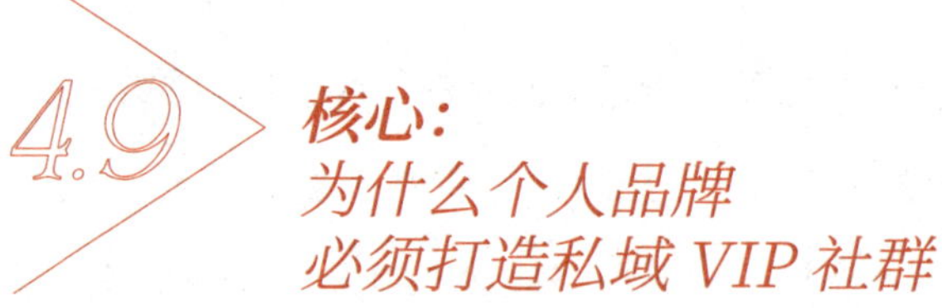

4.9 核心：为什么个人品牌必须打造私域 VIP 社群

我的菁凌年度会员最初的报名费是 8900 元，后来涨价到 9800 元，报名的年度会员都在我的“菁凌女性个人品牌商学苑”

社群里，这是我打造的一个专属我的 VIP 会员社群。以前我是独自前行，但是创办了该社群后，我开始带着一群人一起往前走。我的动力比以前更强了，我每天都觉得自己能量满满。为什么呢？因为我会收到她们的反馈，看到她们因这个社群而变得更好，我很开心也很自豪。

运营 VIP 会员社群很重要的一点就是筛选会员。不是谁交钱都收，需要提前进行微信面试。你需要找到与你同频的那群人，这样整个社群的氛围才会好，大家才会走得更长远。

VIP 会员的好处还有，不管我是运营猫叔的共读营，还是做直播运营视频号，这群 VIP 会员都会第一时间关注、第一时间发朋友圈。她们为什么愿意花费这么多时间和精力在我身上？因为在这里，我让她们找到了归属感。她们不再是我的粉丝，而是我的 VIP 会员，是跟我走得最近的那群人。当然，我也会把我很多的时间和精力分给她们，帮她们答疑解惑，成为她们产品的合作伙伴，真正帮到她们，并且与她们产生更深的连接。这是一个良性循环。并且，我会从我的 VIP 会员里面选出优秀学员让她们成为我们平台的共创者，如刘爽成了菁凌资深战略顾问、菁凌首席增长顾问。

今日思考

- 你会如何筛选出你的 VIP 会员？指标是什么？

4.10 思维：六大思维，让个人品牌变得越来越值钱

个人 IP 在轻创业的过程中需要具备六大思维，分别是：免费思维、口碑思维、超预期思维、差异化思维、借力思维、稀缺思维。

1. 免费思维：免费并不等于不收费

免费思维是打开消费者心门的一把钥匙。

目前，已经拥有 13 亿用户的微信是免费的，所以用户会蜂拥而至。试想，如果微信是收费的，肯定不会有那样大的普及率。但是微信可以在很多环节赚到钱，如广告费、零钱提现手续费、生活缴费分成等。

千万不要认为“免费 = 不收钱”。免费的思维有两种，一种是在用户黏度高的产品中免费，如爱奇艺、腾讯视频等。当用户数量越来越多的时候，品牌创造的价值也会无可估量。

另一种是在别人都收费并且客户习惯了付费的领域免费。比如，很多大咖的分享都是付费的，但是我在 2016 年创建“吧啦创想课堂”的时候就用到了免费思维，每周我们平台会邀请一位行业大咖做免费分享，看似我们没有赚到钱，其实我们得到了流量，也就是收获了财富。因为用户报名的时候需要关注我们的公众号后才能得到链接，我的公众号也因此获得了很多新用户。这几年，我们积累了 2 万多名创想课堂的会员。除了免费公开课，也有一些收费的系列课程上线，此时我们就有了高利润产品捆绑的盈利方式。

当然，免费的最终目的是盈利。现在视频号很火，我创建的视频号“遇见李菁”，会日更一些关于个人品牌打造的干货。这些内容都很有价值，用户有收获就会持续关注我，甚至加我的个人微信，并成为我的付费用户。

通过免费思维，我们可以聚集大量用户，有了足够数量的用户后，盈利就会变得很简单。

2. 口碑思维：让更多用户成为你的传播者

据统计，一个满意用户会引发 8 笔潜在的买卖，其中至少有一笔可以成交。因为熟人推荐的效果更佳，很多用户也愿意购买朋友或家人推荐的产品。前提是你的产品要有好口碑，能做到口碑相传。

如何做到？这里有几个方法可供参考。

（1）用好产品打动用户

我家的厨师杨姐在吃饭的时候曾跟我们说，小镇新开了一家卖饼的店，饼有紫薯味、板栗味，很好吃，少油少糖，她每天都会买来当早餐吃。这家小店生意太火爆了，每次买饼的时候都要排队。

听了她的分享，我和两个助理都去买了饼吃。接着，我又分享给了我的爸妈，他们也去买了，然后他们又推荐给邻居……因为很多小镇老板不懂如何打广告，他们做生意靠的就是口碑相传。人们为什么愿意购买并转介绍？根源在于他们家的饼是真的好吃。做出好产品才是王道。

在互联网上想要做到口碑相传，同样要打磨好自己的产品，这样用户便会自发地介绍给亲朋好友。

（2）让用户得到好结果

我在做线上分享时，声音方面进步很大，我就会在直播中分享我的声音改善是因为接受了一位声音私教老师的线上一对一辅导。很快，就有很多朋友私下向我询问这个老师的私教班，我就会把声音老师的微信推荐给她们。

想让用户帮助你传播，首先得让他在你这里获得好处、取得进步。别人在看到用户的改变后，即使不主动推荐，也会主动来问。这就是营销的魅力所在。

再比如，我的手机摄影美学班有一个环节是，让学员在两个月的学习过程中每天在朋友圈打卡，分享其摄影作品。学员们在打卡的过程中将摄影作品呈现出来，其朋友圈里的好友看到她们一天天进步，就会主动询问她们：是在跟哪位老师学习？能不能推荐一下？

（3）给用户带来好处

如果用户推荐朋友来你这里购买课程，就能获得一些返现，他们会更有推荐的积极性。为什么很多课程只要设置了分销机制，学员就愿意在朋友圈转发？首先，他信任你这个品牌；其次，他可以获得一份奖励，何乐而不为呢？

口碑思维就是用口口相传的力量打动用户，让每个用户成为你的传播者，这会在潜移默化中大大缩减营销的成本。

3. 超预期思维：让你远超别人

猫叔时常会在品牌营的社群里答疑，他的答疑非常坦诚，干货满满，很多回复都让人觉得醍醐灌顶。

猫叔的答疑会让我们产生超值感，心里会感叹加入品牌营收获太大了。猫叔真的是一位宝藏老师。有时候猫叔的一句话就能改变我们的思维，进而改变我们的行为，让我们获得更大的突破。

对于个人品牌塑造者而言，让用户感觉到价值最大化很重要，要做到这一点，最重要的是要为用户提供超预期的服务，为用户带来超预期体验。

海底捞就是为客户提供超值服务的典范，服务员会为长发女士递上皮筋和发卡，避免长发垂落到食物里；会为戴眼镜的顾客送上一块眼镜布。这样贴心的超级服务会吸引更多的回头客。

超预期思维体现在每个环节、每个细节中，你只有对一件事足够用心，为别人带去超值体验，才可能会有超预期的结果。

4. 差异化思维：为用户提供只选择你的理由

差异化的本质是，为用户提供一种选择你而不是别人的理由。

2016 年，国内很多美食博主的短视频内容是制作美食的过程，强调教用户怎么做美食。李子柒同样也是美食博主，可是她的定位却具有差异化：东方美食生活家。她分享的是一种世外桃源般的理想生活方式，拍摄的短视频都是古风、唯美的画面，呈现的是“中国式田园生活”，所以她充满独特审美的短视频才能迅速火遍全世界。她持续输出优质短视频，粉丝不断增长，让她的 IP 影响力不断扩大，产生了很强的商业价值。

李子柒曾说过：如今的社会中，人们压力很大。所以我希望他们在忙碌一天之后，打开我的视频能感到轻松和美好，能减轻一些焦虑和压力感。她的视频唤醒了很多人内心的田园梦。

再比如依云矿泉水，它产自法国的依云镇，小镇位于日内瓦南岸，背靠雄伟的阿尔卑斯山，正对着莱芒湖，犹如世外仙境般远离污染。经过了长达 15 年的天然过滤和冰川砂层的矿化，这为依云矿泉水注入了天然、均衡、纯净的矿物质成分，适合人体需求，安全健康。所以，依云矿泉水的品牌定位就是纯粹、自然。

当一种水被赋予了文化与时尚时，它卖出的就不是水本身的价格，而是文化与时尚的价格，怎么衡量它也不贵。高端品牌源于文化与时尚的附加。依云不仅仅是一瓶瓶矿泉水，它是一个概念，一种生活方式。

可见，只要你的个人品牌能保持差异化，就能在激烈的市场竞争中赢得立足之地。

个人品牌形成差异化需要三个条件：**目标用户关注的、竞争对手没有的、自身十分擅长的。**只有同时具备这三个条件才能使个人品牌具备比对手更强的优势，从而获得用户的认可。

找到你的差异化，也就找到了你的核心竞争力。

5. 借力思维：借助外力才能走得更远

个人品牌塑造者要学会借力，把基础的、重复性的、烦琐的事情交给信任的人、适合的人做，这样你就能留出更多时间进行创作、思考，进行战略布局，向高手学习。

当你还处在打造个人品牌的起步阶段时，也许会有很多环节需要你亲力亲为，这是因为此时你的财富积累还不够，经验也不足。但是，当你的个人品牌事业有了一些起色，积累了一定的财富和经验之后，就应该做减法，学会借力，分一些事情给适合的人做。一个人即使再优秀，也不可能样样都精通，而你也不需要每件事情都亲力亲为。毕竟每个人的时间有限，你应该用更多时间做那些能产出高价值的事情。

借力的三大原则：

（1）借力应该追求双赢

只有一方获利的局面无法维持长久，借力要讲究双赢，这样才能实现有效长久的合作。

我不喜欢做饭，却对创业乐此不疲。我会聘请厨师阿姨来我家里做饭，这样不仅解决了自己和家人吃饭的问题，节省下很多时间用于创作，还给这位厨师阿姨提供了就业岗位，让她获得想要的报酬。

（2）借力应懂得让利

我从 2014 年开始运营公众号，已经坚持日更 10 年。其实，除了前期申请公众号，后面公众号的排版运营都是在网络上寻找兼职编辑来做，我只需要负责写作。由此，我用几年时间培养出了一名有素养、有审美、有效率的公众号总编。为了感谢她的付出，我把公众号广告盈利的百分之五十分给她。严格来说，她不是我的员工，而是我的合伙人，我们发挥各自优势把公众号运营好。

我懂得让利给她，她才能与我长久合作。

（3）借力要主动出击

平时可以结交各行各业的人才，储备自己的人才库，当你需要某方面的人才帮你解决问题时，便能更快地连接他们。

比如，找设计师设计海报，找文案作者写文案，找摄影师拍产品图，找剪辑师剪辑视频，找社群专家解决社群中出现的问题，找形象专家解决服装搭配的问题……在打造个人品牌的过程中，我们有太多环节需要借助他人完成，所以平时就要与各行业优秀的人建立良好的人际关系，主动出击，舍得为优秀的人才付费。

借力是一种智慧，也是一种了不起的能力。

在做一件事之前，我会先思考，这件事情是不是必须我亲自去做？如果不是，我会找到合适的人做这件事，给予对方想要的机会或者金钱，我换来的则是更多自己可控的时间。对于一个个人品牌创业者来说，时间无疑是最珍贵的。

借力思维可以在生活与创业的过程中帮助你，让你从琐事中抽离出来，有更多时间看书、思考、学习、分享。

6. 稀缺思维：成为细分领域的专家，你会越来越值钱

我在小镇生活，镇上专业的理发师屈指可数。每次洗头发我只去一家店，因为整个小镇只有这家理发店的老板会用梳子，借助吹风机把头发吹成大卷，而小镇上其他理发师都只会用卷发棒才能拉卷。在吹头发这方面，他在我心里就有了不可取代的位置，如果他哪天给自己放假不开门，我宁愿等一天再找他洗头发，也绝对不会去其他理发店。因为他的技术好，所

以小小的店面里总是坐满了等待的顾客。为什么大家喜欢找他理发？因为他的专业能力强，比较稀缺。

在打造个人品牌的过程中，核心是打磨好自己的专业能力，让自己能一骑绝尘，这样才能成为某个细分领域的专家，你也会变得越来越值钱。

要想让自己的专业能力日日精进，你需要始终保持学习的状态，持续输入知识，提高专业能力，向好书学，向“牛人”学，向前辈学。你的专业能力在某个细分领域越强，就越容易提升用户的忠诚度。

今日思考

- 哪种思维是你现在欠缺的？你会如何运用这六大思维提高个人品牌的含金量？

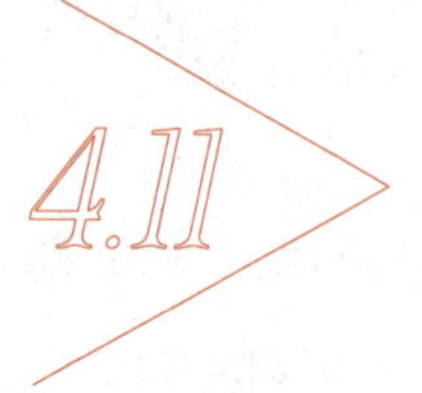

启示：人生启迪课，讲好属于自己的个人品牌故事

我看过一本叫《记住你是谁：15 位哈佛教授震撼心灵的人生故事》的书，这本书让我了解到哈佛商学院有个悠久的传统，在每一科的最后一堂课，教室里听不到个案研究讨论，也见不到学生七嘴八舌争相发言的情景，只有任课教授对台下这群精英学生分享一些文凭给不了的人生智慧。这一堂课是在告诫学生，漫漫人生无论走向何方，都别忘记自己的价值理念，面对抉择，务必忠于它、守住它——记得你是谁。

读了这本书我深受感动，想到自己也可以在我的手机摄影美学课程的最后一堂课分享我的人生故事，最后我确定我想要传递给学员们的一个核心理念是：**阅读，可以改变你的一生。**

我在手机摄影课的推广文案上这样写道：我教给学员的不仅仅局限于手机摄影技巧，还有美学素养，以及每一天都在精进的生活态度。这样就把我的手机摄影课与市面上的手机摄影课区别开来，有了自己的课程特色。最后一堂课加入一些人生启迪能让学员对我有更深的认知，如果我们除了教给学员

“术”，还能上升到“道”，能在学员心中树立起无可替代的形象，就会成为一个可以给她们赋能的老师。

有一个学员听了这堂启迪课之后给我留言：“全部听完，很感动，感触很深，你身上那种专注、坚持、坚韧不拔的狠劲儿就是我最缺乏的……被感动到了，向你学习。”所以说，你的用心，学员都能感受得到。

如果你也有线上课程，推荐你也可以在最后给学员讲一堂温暖动人的人生启迪课。不必讲别人的故事，只讲述自己的故事，把自己人生中最能启发学生心智的经历分享出来，你会带给学生完全不一样的听课体验，你的人格魅力也会显现出来。

虽然我们是通过互联网授课，看不到学员听课时的表情，但是只要你用心用情去上好这堂课，学员是会产生共鸣、深受启发的，也会对你更敬爱，说不定在课程结束后，你们还会有更深度的连接。

今日思考

- 请书写一个自己的品牌故事。

第 5 章

运营力

如何让私域流量付费并放大其价值

社群：个人品牌搭建高质量社群的核心方法

个人品牌塑造者本质上是知识产出者、内容输出者，因此，将那些有着共同爱好和共同学习需求的人聚集在一起，构建起一种富有凝聚力的社群文化，变得愈发关键。

很多朋友问我，如何才能让自己的社群被群员持续关注？我的答案是，持续分享和传播知识；与用户保持良好的互动和情感沟通。用知识的理性与情感的感性吸引用户，增强用户黏性。

对于想成为超级 IP 的人来说，通过社群建立起与用户之间的连接是必不可少的路径。那么，如何搭建一个高质量社群呢？

1. 社群定位

社群存在的价值就是解决成员们的共有的痛点，因此，我们要清晰社群的定位，明确社群的发展方向。

例如，我的手机摄影美学训练营是手机摄影美学学习社群，我的社群存在的价值——解决用户手机摄影技巧的问题。我发现如果我在这个社群分享营销知识，社群的用户就不能接受，觉得商业化太重，她们就是想通过学习手机摄影记录生活，根本没想过要靠摄影挣钱、打造个人品牌。清楚这点之后，我就会持续在这个社群分享纯粹的手机摄影技巧知识。

2. 社群载体

社群必须要有一个载体：产品或服务。

产品载体需要具备三个特点：刚需高频、购买高频、使用高频。个人品牌塑造者在前期确定产品的时候就要考虑到自己的产品是否符合这三个特点。

3. 社群文化

社群文化对内能凝聚人心，对外能彰显品牌价值。好的社群文化，不仅能够激发成员的积极性和创造力，还能促进成员之间的相互支持与协作，共同推动社群的发展和进步。而一个具有鲜明特色的社群文化能够在众多品牌中脱颖而出，成为个人品牌在市场中的独特标识，从而提升品牌的知名度和影响力。

因此，个人品牌塑造者必须高度重视内容建设，这是构建和维护社群文化的核心。内容建设不仅要求你在课程体系中输出有价值、有深度、有实用性的知识和信息，满足成员的学习需求和成长期望，还需要融入一些有情怀的故事、对群员有触动的新内容，让成员在学习和成长的过程中感受到情感的共鸣和精神的滋养。

社群文化的价值在于它能够为个人品牌塑造者和成员之间搭建起一座情感和价值的桥梁，让双方在共同的文化氛围中实现相互成就和共同成长。通过精心打造和维护社群文化，个人品牌塑造者不仅能够提升品牌的竞争力和影响力，还能够为成员创造一个有价值、有温度、有归属感的学习和成长空间，从而实现个人品牌与成员的双赢。

在我的个人品牌变现训练营中，每次课后群员会在鲸打卡写下当天的复盘，我会鼓励大家相互点评、互相鼓励，会评选出“奉献之星”。社群要利他，才会有温度，氛围才会融洽。

今日思考

- 构思一个适合你的付费社群，为了让这个社群更加优质，你会设置哪些环节？

5.2 成效：个人品牌如何提升线上训练营完课率

很多做训练营的个人品牌塑造者都会有一个苦恼，就是学员交作业的情况不好。如果训练营时间稍微长一些，结果就不理想，前期学员交作业还很积极，越到后期越懈怠。

我也曾遇到过类似问题，后来找到了解决方法，就是使用储备金计划。在时间创富训练营招生期间，我让学员报名时除了交纳学费外，再多交 199 元作为储备金，如果学员完成每天打卡，结营时会把储备金归还给学员。结果是，学员每天都能按时打卡。

为什么使用储备金方案？

一是为了督促学员积极完成作业，使学习效果达到最大化。

二是避免学员交了学费后不听课，或者只听课不实践。

让学员知道，我们是在替他们着想，是想让他们学以致用，在课程中有所收获，所以才使用了储备金方案。为了避免学员觉得储备金浪费，还可以加入奖励制度，如全勤学员有机会评优，奖品丰厚。

再给你分享一个成功案例。

我曾在“个人品牌界的黄埔军校”剽悍个人品牌特训营跟着猫叔学习，进步很大。猫叔是社群商业顾问专家，是樊登读书首席社群顾问，在社群运营方面有一套自己的超级方法论，你可以通过读猫叔的书《一年顶十年》获取一些适合你的方法。

猫叔的付费社群除了剽悍个人品牌特训营外，还有剽悍卖霸行动营，正式价 1299 元，早鸟价 999 元。你们知道吗？一般的社群打卡率超过 70% 就已经很厉害了，剽悍财富行动营 22 天打卡完成率最高是 99.19%，有些连队甚至可以达到 100%。

我曾专门针对这个完课率的问题请教了剽悍团队成员，她给我分享了剽悍团队运营社群的超级心法，在这里也分享给你，希望对你有所启发。

1. 强筛选

报名剽悍卖霸行动营需要填写申请表，然后在微信上沟通两轮。

第一轮是读一篇创始人猫叔写的文章，字数 1500 字左右，输出不少于 100 字的收获。

第二轮是做自我介绍，通过后交学费和押金即可加入训练营。

奕晴老师说，用这样复杂的流程可以筛选出有行动意愿的人。

2. 设置押金

每个人收取 100 元押金，按照要求完成任务才能全额退还押金。这个押金我们也可以把它叫作“储备金”。通常，学员交了押金就不想失去这笔费用，这会让他们在这 22 天内把更多的时间和注意力放在这个课程上。

其实每个人都很忙，每天有做不完的事，仅仅是报课，有的人会同时报好几门线上课程，跟着几位老师学习，那我们最应该想办法做的就是让用户把注意力放在我们这里。交押金就是一种很好的方式。有了想要赢回押金的想法，学员就会抽出时间去完成我们的课程和作业任务。

打卡率越高，学员收获也会越大，因为只有真正付出行动的学员才会有获得感。同时，我们作为课程导师，收获也是巨大的，学员在这次课程中有所得了，就会传播出去，这些学员就会成为我们课程的传播者，让我们有源源不断的用户。

3. 观念建设

学员进群之前会有预备期，设置两场分享，第一场分享由运营团队分享在群里如何打卡、如何守护自己的押金。另外一场也是由运营团队分享，主题是如何在群里收获更大。这两场分享会让学员更加同频。

进入正式群之后还会一直由连长、副连长、其他管理员进行学员的观念建设。比如，将“让自己变得更好是解决一切问题的关键”“越参与越收获”等积极的观念传输给学员。

管理员都是老学员，可以与学员分享他们参加训练营时的打卡经验、心得体会。

对社群管理员也要做好观念建设，因为只有做好管理员的观念建设，让其体会到社群的精神内核，才能促使他们带动他人。

剽悍江湖社群的根本目的是影响和改变更多人，在其运营文化里，每个管理员都要想办法“成就更多‘老铁’”，这意味着作为群管理员，每个人都要想办法让更多人坚持下来，拿到押金，也要让更多人在群里收获更大。

管理员要了解学员为什么来，了解他们的需求，同时，管理员在服务学员、成就学员的过程中要有耐心。

建立勋章机制，设置一系列分层勋章，甚至结合训练营玩法，让学员坚持行动 3 天就可以获得一枚勋章。及时反馈能激发学员的进取心。

4. 设置预备期

设置预备期的目的有两个：首先，提前帮助学员进入行动状态；其次，学员和社群双方共同确认是否彼此合适，如果发现不合适，学员可以随时退出，也能收到全额学费和押金。

剽悍财富行动营因为做了如此精细化的社群运营，打卡率才能这么高。

今日思考

- 为了提升你的训练营的完课率，你会做哪些社群运营上的设置？

5.3 留存：私域流量的核心是经营好用户关系

营销其实并不是要不断拉新，留存用户更重要。没有留存，只是一味拉新，个人品牌也难以为继。留住老用户，让老用户持续带来新用户，才会让你的产品越来越有影响力和好口碑。

要留住老用户，首先是要做好产品，其次是要做好服务，最后是唤起情感。私域流量对于个人品牌创业者的价值在于：一是离用户更近，低成本增加了产品曝光；二是每一次成交与互动都是在增加用户的信任，信任越深，消费次数就会越多。

在私域流量时代，个人品牌塑造者可以持续经营用户关系，让对方不断地信任你，提到某个专业领域或特定产品就会记起你，这就延长了用户整体的消费周期，也就抢占了市场份额。

我发现，很多微信好友上了我的内容创富特训营之后，还会报名我们菁凌研习社的其他课程，这就让我能持续跟用户保持紧密的连接。

把用户沉淀在私域流量池只是第一步，第二步就是培养超级用户，即通常所说的精细化运营。

超级用户是指在未来某段时间内有明确意向持续消费产品和服务的老用户。他们具备高复购率、高消费力、高忠诚度等特征，还乐于分享。超级用户可以通过付费会员制度识别，如我的菁凌年度会员就是我的超级用户。她们在付费的同时其实已经表示出对我的个人品牌、产品的高度信任。

对待这些超级用户，我们要舍得花时间花精力，多给他们分享专属于超级用户的干货，多发福利，与他们近距离在一起，

他们才会更加信赖你，因为你才是这个 VIP 社群的灵魂人物。

他们的生日你是否记得？你是否会一对一发私信给他们？你是否会在他们取得成绩的时候送上鼓励与奖励？……

你们估计想不到，我甚至会让我的助理做一张菁凌年度会员生日的表格，上面有每一个会员的生日日期，我会提前十天左右给她们寄礼物。选礼物也很重要，一定要给她们提供情绪价值，让她们产生一种欢愉感和被重视的感觉，礼物最好是她们平时能用的东西，如首饰、钢笔等，也可以送鲜花，很少有女性不喜欢鲜花，收到花的那一刻她们都会获得向美而生的愉悦感，那一刻她们也会感受到来自我的爱。寄礼物的时候不要忘记写一张卡片，写上她的名字、你对她的祝福以及你的落款。这样会更有温度。

菁凌年度会员收到我的礼物后，都会在群里表达喜悦以及对我的感激。所以，我们一定要先爱自己的学员，爱出者爱返。

除了菁凌年度会员，我还会给我们菁凌研习运营中心的运营官们寄生日礼物。菁凌年度会员是我的高付费用户，运营中心的运营官们是愿意为我花很多时间的用户，这些人就是我的铁杆粉丝。我找到了她们，也会非常珍惜她们。

亲爱的朋友们，你们找到自己的核心用户、找到自己的铁杆粉丝了吗？

私域流量需要经营，经营的核心是维系好用户关系，而且是长线的用户关系。信任是一段好关系的开始，服务是维持信任的关键所在。你要让老用户把你视为“专家 + 好友”，这样你就会得到更多的真爱粉。

今日思考

- 做一份核心用户的生日表，给过生日的用户送上一份礼物吧，相信对方会充满喜悦。

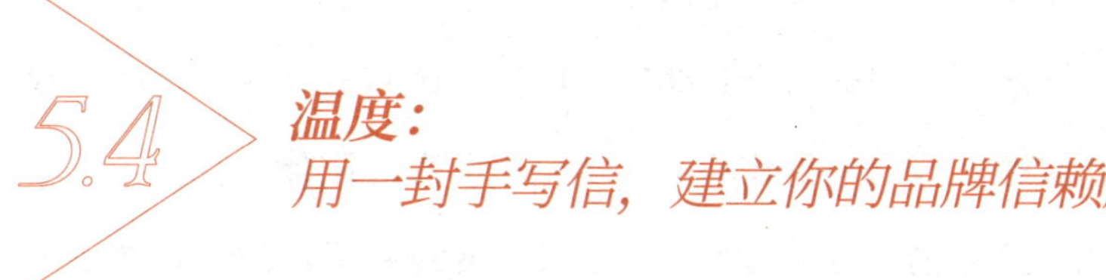

5.4 温度：用一封手写信，建立你的品牌信赖度

有个微信好友给我寄了一款治疗颈椎的产品试用装，比较特别的是，她还给我写了一封很长的手写信。在信中，她向我诉说为什么会辞去国企的工作，投身于大健康行业，这款产品

为什么值得信任，这款产品与中医之间的关系。这封信让我瞬间对她产生了好感与信任，第二天体验了试用装后觉得不错，第三天就主动在她那里购买了这款产品。

我问她是不是会给每个寄试用装的用户都写一封手写信？她回答说，是的，每次都会很用心地写信。我敢断定，她的事业会越做越好，因为她对自己的用户非常用心、舍得花时间。一封手写信便能体现出她对对方的珍视。

我参加过一门线下培训课，老师讲了一个发生在他自己身上的故事。他的孩子在一家机构里学习钢琴，某天他收到了钢琴老师给他写的一封手写信，在信中钢琴老师表达了对他家孩子的认可，也写下了自己的期待。他马上跟妻子说，下学期继续让孩子在这家机构里学习钢琴，因为老师太用心了。

可见，一封手写信能建立起多少信任呀！

之前，我的一名全职助理辞职了，她将去大城市发展。我很感激她，因为她是我的第一个全职助理，陪伴了我大半年。在她离开之前，我给她写了一封 11 页的手写长信。我在信中表达了对她的感激、期待以及给她的建议。她收到信之后哭了很久，说很感激我的指导与包容，她会记住我信中的每句话，开始新的生活。

很少会有老板给离职的员工写手写信，但是我觉得手写信代表了一种仪式感，更能表达你对员工的那份用心，员工也会更有动力继续往前走。

每一次情人节，我也会给我的先生写一封手写信，他每次收到信都会很开心，也会更宠爱我。

手写信让我能表达出内心更细腻的情感，也会让我得到对方更多的珍视。

爱出者爱返。给你珍视的学员、用户、老师、爱人写一封手写信吧！人与人之间的温情是最珍贵的，一封手写信也许会为你带来很多意想不到的惊喜。

今日思考

- 如果今天要写一封手写信，你会写给谁呢？

5.5 需求：付费社群用户的三大需求及解决之道

要想做好付费社群运营，运营者要明确用户的三个需求以及解决方案。

1. 学习知识

用户加入某个付费社群，其首要目的就是学习某个领域的知识，交流的话题也都围绕着这个主题。

这就要求个人品牌塑造者要精心打磨好课程，内容要充实，语言要通俗易懂，上课形式要与时俱进，要带给用户更好的学习体验。

2016～2019年这3年时间里，我都是在微信群用文字、语音、图片相结合的方式上课。微信群上课内容太多，学员爬楼听课太麻烦，我就会使用社群空间这个工具，每次收集好课程，方便学员复听。但是这种方式也比较麻烦，不利于长期复听。2020年我更新了课程，用小鹅通这个平台授课，形式是录制视频，这样学员听课更方便了，可以永久复听。学员反馈都很好。小鹅通不仅可以用文字、语音上课，还能用视频、PPT 演示上课。此外，小鹅通还可以设置分销系统，我曾经用小鹅通分销的方式，在一次手机短视频引流课中裂变了 1000 名付费用户。

现在有很多老师用 Zoom 面对面视频直播的方式授课，用户体验也很好，就像在课堂上跟着老师上课一样，学员也不敢分神，这种方式感觉离导师更近，更容易被导师赋能。你也可以用腾讯会议、千聊、荔枝微课、CCtalk 等软件以视频直播的方式进行授课，学员能通过视频看到老师真人出镜授课，上课体验也不错。这就要求老师不仅要在专业领域精进，教给学员更多有用的知识，还要求老师跟上时代的步伐，熟练掌握各种授课平台的操作方式。

2. 解决问题

很多学员在听课的过程中或者在日常工作、生活中会遇到一些烦琐问题，当他们解决不了时就会在社群寻求帮助，希望群内的成员或者老师能为自己答疑解惑。

个人 IP 塑造者属于付费社群的主导者，也是社群的领袖人物，可以每周安排固定时间点集中回答学员的问题。导师能一对一解答学员的问题，会增加学员对该付费社群的信赖度。

社群领袖人物不可能随时都关注社群，所以我们需要安排一个社群运营官，他既要能够活跃社群气氛，也需要具备这个社群涉及领域的相关专业能力，这样群员遇到问题发到群里时，社群运营者可以及时回复。有经验的运营者还能发动更多的学员群策群力，为群员解决问题。

在这个知识付费兴起的时代，各大知识付费 App 的课程以 9 元、99 元、199 元这样的低价课程为主，我们的训练营、付费社群之所以收费高一些，就在于用户听完老师的课之后，还享有答疑解惑的服务。

如果你的社群成员比较多，无法兼顾到每位学员，也可以把群员分成小组，每个小组设置一个助教，助教就是专门为用户解决问题、及时答疑的。比如，我的个人品牌变现训练营为期 3 周，我会给学员答疑 6 次，每周周六与周日答疑，我的状态好，就会用视频直播的方式答疑，会让学员与我更近，让学员感受到我对他们的关心。

3. 拓宽人脉

每个人都想要在付费社群中得到一些人际关系的资源，希望结识到行业大咖，跟随大咖学习，从而快速提升自己。收费越高的社群，学员对拓展高势能人脉的需求就越迫切。

这个问题的解决方案是：

（1）定期邀请行业大咖来社群做分享，让学员能连接到大咖

只要大咖足够有影响力，分享的内容足够专业，学员听了他的分享，就会主动连接他。人都渴望接近有能量的人，能在这个社群连接到越多“牛人”，学员就会对这个社群抱有更大的热情和感激。

我的菁凌年度会员社群每年会邀请很多大咖来做分享，大咖分享完之后我还会在社群发大咖的个人微信二维码，既给大咖带去更多优质粉丝，又让学员有更多与大咖近距离学习的机会，一举两得。

（2）让学员报名在社群内做分享，让他被更多人看到

每个人其实都想要被众人看见，成为闪闪发光的人。所以我们要尽可能多地给学员展示自己的机会，除了让积极的学员当班委之外，还可以让学员在运营官那里报名，分享自己的经历、学问所得。

剽悍品牌营设有这个环节，我获悉后第一时间就报了名。我分享的主题是手机摄影，这一次分享让我被更多人看见。之后，群里还有多位群友报名了我的手机摄影课；还有几位大咖邀请我去他们的社群做手机摄影分享。

我还在剽悍特训营分享“李菁说个人品牌”，每天分享几分钟。持续分享了3个月后，我不仅整理出了一套打造个人品牌的体系，还得到了很多品牌营群友的鼓励。每次分享完，都有很多群友鼓励我，给我发专属红包，还有一些群友私信我说我分享的内容很棒，他很受益，也想分享给他的学员。甚至有群友报名加入了我的菁凌年度会员，只因为我的努力与身上的能量感染了她们，他们也想跟着我学习。这让我感到动力满满，有了更多的热情专注于个人品牌这个领域。

我觉得这个设置能帮助到更多人，所以在我的每个社群我都设置了学员分享环节。为了让更多学员报名，我还设置了一些福利，比如菁凌年度会员在社群分享一次，我会在我的11个个人微信号上推广她的个人微信，每次能为她带去100多名优质用户。只要让她们觉得超值，就会有更多人报名分享。

想让学员体验好，就一定要让学员有的赚，第一是赚流量，第二是赚钱，第三是赚取机会。

今日思考

- 深入了解你的付费社群用户需求，并为用户解决他们的痛点。

成本：个人品牌如何借助低成本运营逆流而上

在 2020 ～ 2023 年间，有很多大公司纷纷裁员，面临倒闭，而互联网上的个人品牌创业者却逆流而上，收入并没有因环境的影响而减少，反而通过知识付费课程、社交新零售模式，收益有了很大的提升。

个人品牌创业者的优势是运营成本低，大多可以在家中办公，不需要专门的业务部门，不需要花高薪聘请很多员工，不需要支付高昂的房租，也不需要公司专属用车，只需要一台电脑、一个线上兼职的助理，就能在互联网上开创一番事业，获得营收。

大公司的经营范围很广，它们需要保证销售的产品能盈利，否则就要为此付出高昂的代价。个人品牌创业者通常规模不大，成本也很低，可控性比较强。这就超越了很多大的竞争对手。

我创业前对成本认知不够，手里的钱想花就花，不为长远考虑。但是当我创业后，有了小团队与员工，我学会了控制成本，实现低成本运营。

我认识一位很厉害的女性创业者，她的 IP 影响力很大，公司已经融资。她的公司曾面临很大的经济问题，她每天晚上都睡不好，非常焦虑。左思右想之后她才意识到，是她招的员工太多了，员工成本太大，与她公司目前的处境不太匹配。于是，她马上裁员，只留下了精英员工，后来她的公司发展得越来越好。

这也给了我们一点启发——运营自己的个人品牌时，时刻要有成本意识，这样才会有长足的发展。

今日思考

- 目前，你在运营团队的过程中是否拥有成本意识？此外，思考在哪些方面还可以降低成本？

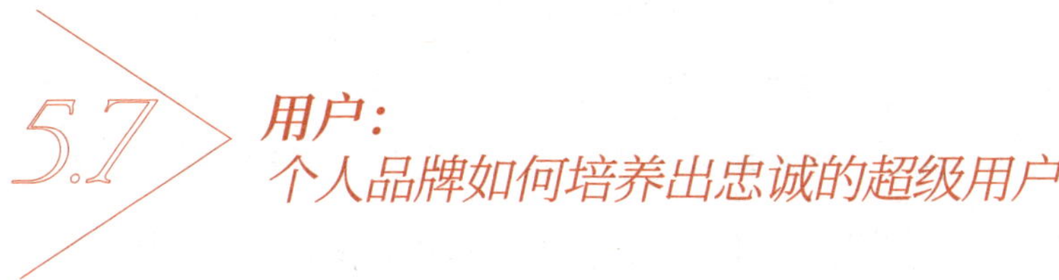

5.7 用户：个人品牌如何培养出忠诚的超级用户

打造忠诚的超级用户，不仅是个人品牌的关键战略，更是个人品牌长久发展的基石。很多人认为，营销的核心在于不断吸引新用户，但实际上，用户的留存和黏性才是个人品牌发展的重中之重。没有稳固的老用户基础，仅靠一味地拉新，很难让品牌持续发展。相反，让老用户成为品牌的忠实拥护者，并持续为品牌带来新的客源，才能实现真正的影响力提升，打造良好的口碑。

要打造忠诚的超级用户，需要从三个方面入手：

（1）产品质量必须过硬，产品是用户持续信赖的根本；

（2）服务体验要优质，每一次的互动都是一次加深用户关系的机会；

（3）让用户产生情感共鸣，要与用户建立情感连接，让他们在品牌中找到归属感。

每一次互动都在为品牌的长期发展筑牢根基。

在私域流量时代，个人品牌的经营不仅是单次的营销行为，还是长期的用户关系经营。通过持续的互动和价值传递，不断深化用户对品牌的认知，让用户在提到某个专业领域或产品时，首先联想到的就是你的品牌。这种高频率的联想，不仅延长了品牌的消费生命周期，更为品牌赢得了市场的主动权与更广泛的市场份额。

忠诚的超级用户不仅是品牌的支持者，还是品牌的传播者和代言人。当他们自发地为品牌推荐产品或服务时，品牌的影响力将成倍增长。因此，培养忠诚的超级用户，不仅要经营产品和服务，更要用心经营每一个与用户的接触点，让品牌成为他们生活的一部分，从而实现持续的口碑效应和市场扩展。

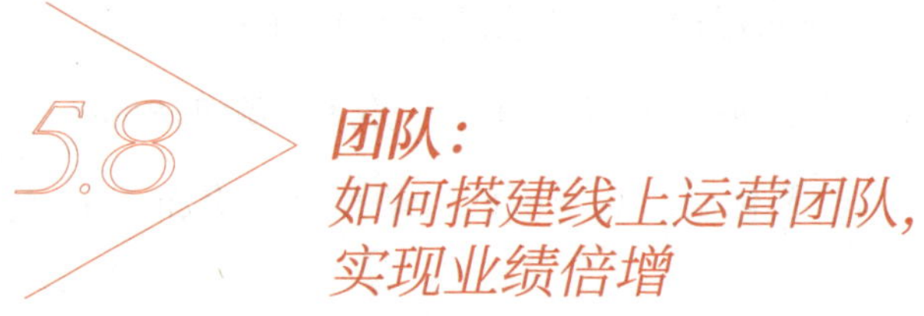

5.8 团队：如何搭建线上运营团队，实现业绩倍增

个人 IP 的创业方式是轻创业，无须招聘很多员工，也不需要将公司做大，但这并非说我们不需要团队。

在一次菁凌研习社颁奖典礼上，我百感交集，泪水溢满眼眶。因为我突然想到了 8 年前的自己，一个人活成一支队伍。不仅自己上课，还要带社群，每天都要做很多事情。但是现在，我有上百个很亲密的助教。她们在线上兼职，助力我做好这个平台。在我开课和开训练营的时候，还会有多名优秀学姐担任助教，帮忙做运营。

那么这些运营团队的人从哪里来呢？这些人不是在朋友圈花钱招的，而是从老学员里来的，因为你的学员对你是有感情的，他们认可你的价值观。这就是一个良好的基础，你需要慢慢培养他们，经过实战练习后，再去给他们支付相应薪酬。久而久之，一个团结、有凝聚力、充满温暖和爱的线上团队就建立起来了，他们就会帮助你解决越来越多的事情。

要去输出自己的价值观，传递思想。

你如果想让你的学员或者线上兼职人员帮你做事，就需要不断地输出自己的价值观。很多人都有一定的知识、技能，他们追随你不只是为了学习知识和技能，他们喜欢和追随的是真实的你，也就是你的状态，你的价值观。如果你通过个人的人格魅力和价值观吸引他们，你们的关系就会更紧密。

因此，每次上课和发言时，你要不断地输出自己的价值观，去吸引同频者，并且输出一些正向的价值观来影响他们。

我每次发言时会告诉我的学员们，菁凌研习社是这样一个平台：向美而生，极致利他。我们要去帮助他人，把爱给出去，把财富给出去。我们对这个世界多些温柔和包容。正因为有这样的价值观，很多人都愿意留在我身边。她们觉得跟我在一起，不仅能学到干货，还能感受到我的内在力量，这能帮助她们找到更好的自己。

这类似于企业文化建设，就是让每个人深刻地感受到愿景和使命。有时候我们会觉得这种愿景好像很大，但它其实会渗透到每个人的心里，并且形成一个文化印记。

今日思考

- 目前，你运营的团队是否存在卡点？尝试上述方法，搭建线上运营团队实现业绩翻倍。

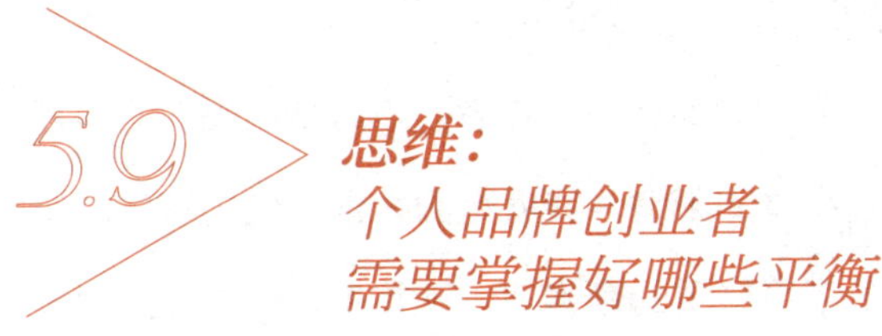

5.9 思维：个人品牌创业者需要掌握好哪些平衡

个人品牌创业者需要掌握好以下几个平衡：

1. 事业与身体的平衡

如果你问我现在最后悔的事情是什么，我会告诉你是我以前不爱惜自己的身体。我有很长一段时间日日熬夜，导致我的身体完全垮了下来。读大学时，为了写作我经常熬夜到凌晨两三点，读研的时候熬夜做设计，大学教书之后熬夜备课，辞职之后又熬夜写书，以至于年纪轻轻身体就进入了亚健康状态，频繁出现颈椎病、体力不支、精力不足等病症。我这才开始爱惜自己的身体。

创业者在拼事业的同时，也要关注自己的身体。

首先，作息要规律，每天早睡早起。这一点，我的爱人闫凌做得很好，他也会督促我早睡，我们每天晚上 11 点之前入睡，我会在早上 5 点 45 分起床。选择伴侣特别重要，如果你休息的时候，伴侣还在打游戏或者应酬，肯定会影响你的休息。所以，与伴侣充分沟通好作息也非常重要。

其次，每天按时做运动。伏案工作者，不管是摄影、写作还是备课，很容易引起身体的不适。我就是因为常年低头写作、看手机回复消息，患上了很严重的颈椎病，现在每隔一天必须要去做颈椎康复按摩。你一定要以我为反面教材，爱惜好自己的颈椎。

Keep 这款健身 App 上有很多颈椎操，你可以每工作 40 分钟左右，就运动一下，早上起来也可以做瑜伽，活动下肩颈和腰椎，预防长期久坐的疾病。

作为个人品牌塑造者，作为一名互联网创业者，是很累的，这个我深有体会。我的学员雅楠曾给我留言说："老师，我最近做的事情很多，觉得每天有很大的压力。"我能体会到大家的这种疲惫，而且很多人还要照顾家庭和孩子。作为女性，我们在这些方面要做到平衡特别难，但是我相信想打造个人品牌的女性都很有智慧，肯定能平衡好事业与身体。我们要走得长远，就要为自己的身体保驾护航，给它充更多的电。

此外，我们要做一个长期主义者，做长远的事情，不要急着把自己打造得多么有影响力、赚多少钱，要量力而为，一步一步脚踏实地地走，这样才会心安，也才能在你打造个人品牌赚钱的同时，保护好你最重要的身体。

2. 烟火与诗意的平衡

我一直说我的生活是一半烟火一半诗意。烟火，就是柴米油盐酱醋茶，要让自己经济独立。这一部分我们一定要兼顾，因为我们这辈子不能依附于任何一个人，不能依附于我们的家庭，不能依附于我们的爱人，不能依附于我们身边有能量的人，而是要让自己变得更好更强大。

诗意，就是我们不能只是一味地顾着赚钱，还要守住心中的那份诗意，要多看文学书籍，拍一些美美的照片，守住心底那个最为纯粹、天真可爱的自己，这样的你才会被更多人所爱，被更多人珍惜。

有很多文艺爱好者，他们只关注内心，羞于谈钱和赚别人的钱。有这种想法的朋友，你要告诉自己，我们是用自己的能力去赚钱，没有什么不好意思的，我们要让自己的生活更加美好，达到物质与精神的双富有。

3. 输入与输出的平衡

知识IP们会做课程，会帮很多人解决问题，做一对一咨询，要持续地输出优质内容给学员，**如果不能持续输入、给自己充电，就无法维持长久的输出。**

因此，我们首先要跟一些“牛人”老师学习，加入高付费社群认识更多有能量的人，拓宽自己的人脉，打开自己的思维。

其次是要学会从书中找答案。我现在每天最幸福的事，是在书房里看书和写作。读书时，我会获得很多灵感。阅读也要掌握平衡，各方面的书都要涉猎，既要看一些培养感性思维的书，如美学类的书，也要看升级商业思维的书，如猫叔的《一年顶十年》、李笑来的《财富自由之路》、赛斯·高汀的《创业者圣经》等，这样我们的思维才会更高级。

今日思考

- 当下打造个人品牌的你，是否达到了上述的三种平衡，如果没有，接下来你该如何调整？

第 6 章

找对圈子，圈层决定
个人品牌的未来

力

6.1 分享：用分享力引爆个人品牌的影响力

快速打造个人品牌影响力的方式之一，就是多做分享，用线上线下相结合的方式做分享，输出自己垂直领域的内容，去播撒更多的种子，你会发现自己的能量会传递给更多人。并且，你的潜在用户会在你分享的过程中被你打动，他们很可能会转化成你的付费用户。

现在线上分享的形式与平台越来越多，可以真人出镜做公开免费直播的平台，如小鹅通、一直播、千聊、视频号、快手、抖音等，不仅可以直播，还可以卖产品，如书籍、课程、代理的产品等。

因为长期写作，写得多说得少，所以我的口头表达能力并不好。但是猫叔一直在给我们强调思想表达的重要性，所以从2020 年开始，我通过直播分享刻意练习自己的表达能力，现在我直播的表达能力与镜头感都比之前好了很多。因此，有时候我们需要让自己在非舒适区内成长。

有许多学员向我表达过内心的担忧，说自己惧怕镜头，不敢直播。其实我们可以先完成再完美。我第一次直播时还想着能不能把逐字稿显示在电脑上，一边用手机直播，一边看电脑读稿，最后发现这样做眼神怎么都不对，所以后来干脆就列了一个大纲，自己随意发挥。第一次直播时，我心里既忐忑又紧张，幸好有很多朋友为我助力。

后来直播做得多了，我的表达能力也进步了很多。现在，我可以针对一个知识点面对直播镜头滔滔不绝地讲下去。直播首先要多练习，熟能生巧。其次是平时要把很多自己打造个人品牌的知识用结构性思维进行系统的梳理，当你的大脑里有一整套相关领域的知识体系时，分享会变得越来越游刃有余。

如果你不愿真人出镜，也可以使用语音的方式在各大App上分享，或者直接在微信群分享。你可以在朋友圈发海报，让大家来报名听你的分享课。你也可以主动去连接身边一些有能量的朋友，问问他们的社群需不需要分享。

一个愿意主动出击的人，必定会离成功更近。

可以做事件营销，这也是自我营销的过程。有时候可以约一群有能量的人发动一些分享活动，彼此赋能，这样影响的人也会更多。

也可以结合一些热点来分享。2020年《乘风破浪的姐姐》

这档节目很火，我的个人品牌咨询导师 Lina 就约了身边一些女性 CEO 做了一个系列“乘风破浪的女 CEO”的真人直播，以访谈的形式来分享这些优秀女性创业的故事，这个系列的直播为 Lina 老师吸引了很多粉丝，甚至有客户主动联系她，想要跟她签约打造自己的个人品牌。这就是借势。

多做一些分享，不断地分享，让你的潜在用户记住你。分享能展现你的个人魅力，同时你的语言表达力、思辨力都会提升。

今日思考

- 你将如何打开自己的分享渠道，扩大影响力？

6.2 云聊：线上约聊，向外连接，向内探索

约聊，不一定要面对面；喝咖啡，不一定要在咖啡馆里。一部手机，就能让我和你畅聊，一起品一杯“云咖啡”。

“云咖啡”，品的不是咖啡，是思想。约不同的人聊，就能碰撞出不一样的火花。

之前在猫叔的品牌营，我一个月约聊了二十多位大咖。聊聊彼此的困惑，谈谈彼此的收获。你的疑难，我出出主意；我的问题，你想想办法……一场场对谈下来，不但提升了我的表达能力，还打开了我的格局，提高了我的认知。这对我来说，受益匪浅。

近年来我最大的一个感受就是，一对一语音连接让我进步飞速。在无法随时相见的空间，每天品一杯“云咖啡”，是向外连接，也是向内探索。最美的距离，不是面对面，是即使相隔千万里，我们也在同频的维度驰骋万里。在喝“云咖啡”的过程中，我找到了为我指明方向的顾问导师，也找到了在创业路上彼此助力的好盟友。

分享力就是连接力，连接力产生影响力，一对多是分享，一对一约聊也是一种分享。

1. 向上学，与老师一对一语音连接

在个人品牌创业的过程中，会遇到各种各样的问题，但是你要相信你走过的路有人已经走过，你现在面对的问题，那些走过的人也一定已经总结出了很多解决的方案与办法，所以我们应该找到几位能真正帮助我们解决问题的老师，向他们付费，向他们请教。我们看似花了钱请教老师，但其实也减少了自己解决问题的时间成本。

如何才能找到向上学的老师呢？

（1）可以付费参加一些训练营，连接到主讲老师。因为你是他的学员，所以他愿意私下帮助你。但是，不是每个老师都愿意语音聊天，怎么办？此时你可以发文字给他，请求他的帮助。

（2）当遇到一些能解决你问题的专家时，你可以付一次性咨询费给他，向他请教问题。比如，在行 App 里就有很多一次性付费的咨询服务，里面的老师都是各个行业的大咖。

（3）可以花钱请顾问。顾问主要是帮助你解决问题的人。有了他，你在打造个人品牌的过程中会少走很多弯路。他会时

刻提醒你、告诉你应该怎么做怎么走，你会进步得更快。

我自己也请了多名顾问，如个人商业顾问、声音顾问、社群顾问、文案顾问、视频顾问、食疗顾问、个人品牌顾问……因为我身在小镇，所以这些顾问老师都会定期与我打语音电话，他们会针对我当下出现的问题给出切实可行的方案。顾问一对一的语音赋能给了我极大的帮助，让我的思维得到了跃迁，变现速度也加快了。

我们在不同的阶段会面临不同的问题，所以才要懂得请高手、前辈、尊师为我们指路。

2. 向下教，与学员一对一语音连接

我有自己的个人品牌私教班，是学员的个人品牌顾问。我会一对一语音辅导她们打造可变现的个人品牌。我会告诉学员如何打造有影响力的个人品牌，如何打造可变现的训练营，如何一步一步实现流量的增长。

在语音沟通的过程中我能了解到用户的需求、面对的普遍卡点、希望通过我解决的问题。

在此过程中，因为我付出了时间与精力，让学员实现了变现，这些学员不仅对我充满了感激，还与我有了更深的感情。有的学员甚至付费报名了我的菁凌年度会员，付高额学费让我

成了她的终身商业顾问。

因此，在运营训练营时，如果时间允许，我们可以为部分学员提供一对一语音沟通的机会。**其实我们在语音沟通中帮助学员、启发学员的时候，就是在播种一颗颗好种子，这些好种子会让你收获更丰盈的人生。**

3. 平行连接，与盟友一对一语音沟通

什么是盟友？就是与你志同道合的那群人，你们可以彼此分享资源，互相助力。

去哪里找盟友？可以付费进入一些同频的高能量圈子，在那里找到与我们做着同样事情的人。每个人的背后其实都有一个渠道与圈子。

菁凌年度会员是我的 VIP 高端社群。我吸引来的都是一群喜欢美好生活的女性，每个人在自己的领域都做出了一番成绩，有自己的思想与人格魅力。我经常建议大家可以从这个高能量的群里开始连接，主动去连接别人，而不要坐等别人来找你。

你可以观察一下你所在的社群，有哪些人与你同频。遇到与你同频的人，你就可以去浏览他的朋友圈，与他约时间语音聊半个小时，我相信你的收获会很大。而且这个动作要持续做。

在与盟友沟通的过程中，你们会碰撞出很多思想的火花。

你可以替他解决问题，也可以向他倾诉你的问题。说不定你们还能聊出一些合作机会，甚至聊出一份珍贵的友情。

了解我的人都知道，我患有非常严重的慢性扁桃体炎，从小就因为这个慢性病长期输液、吃药，去西安后长期咳嗽。为了保护扁桃体，我甚至连辣椒都戒了。

我很喜欢约聊，但是因为身体状况受限，讲话超过 40 分钟我的扁桃体就会发炎，嗓子就会说不出话。有时我想多帮助一些学员，说多了我的嗓子就会很难受，这是我的致命伤。现在我尽量做到平衡，一天最多约聊一个人。我清晰地认识到，我只能连接、帮助少数人。这其实也足够了。

如果时间允许，我建议你**给自己定个目标，规划好每周分享的次数、约聊的人次、连接的人数。一个人的势能不是一下子就爆发的，而是靠长期一点一滴的积累。**当你帮助了更多人之后，你才会被更多人喜欢，也才会影响到更多人。

今日思考

- 去主动连接付费训练营里某个同频的小伙伴，找他约聊，并写下你的收获。

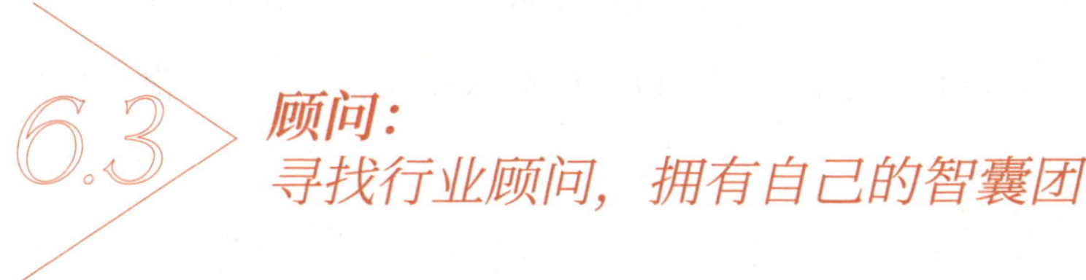

6.3 顾问：寻找行业顾问，拥有自己的智囊团

没有人可以独立完成所有事情，你需要找一些先行者，从他们那里获得一些经验和教训。行业顾问，你必须主动才能找到。

三人行，必有我师焉。创富路上，可以没有诸葛亮，但必须要有专业顾问，最好有各领域的专业顾问。世上没有谁百分百全能，但一定有人在某个领域很厉害。遇事，向专业的人请教，才会事半功倍。

我正是深知此点，不吝下血本，付费聘请各个领域的专业顾问为我排忧解难、指点迷津。比如，健身顾问、商业顾问、创业顾问、个人品牌顾问、文案顾问、营销顾问、社群运营顾问、群发售顾问……自从有了他们，我当下遇到的问题，都能在第一时间解决。这就是“背后有人”的底气。

例如，我的商业顾问 Angie 老师。2022 年 7 月末，她专程来到我身边和我面对面交流，犀利地剖析我的优劣势，指出我的私域流量还行，但营销思维欠缺，并给我提供资源，指导我的每一步行动。Angie 老师的专业指导让本不擅长营销的我在 8 月通过一场合伙人社群发售实现了业绩翻倍。短短一个月，我的认知被拔高了，固有的观念被打破了，商业潜力也被激发出来。

我尝到了“背后有高人”的幸运滋味。不是全能的我，却跑在了很多人前面，又稳又快。可以说，有了智囊团，有了专业顾问，不必事事从 0 到 1 学习各个专业领域的知识，却能在最短时间内做成一件事，成效还能翻倍，这简直太棒了。有时候，有些事，“背后有高人”远比自己耗时瞎琢磨效果来得快。用有限的时间做有效的事，才是应对轻创业时迷茫、焦虑的正确方法。

正是因为深受其益，我深知专业顾问的重要性，所以我不仅聘请顾问、搭建智囊团，还努力钻研、深耕专业，成功成为别人的顾问，拥有了自己的私教学员。在自己不擅长的领域，果断聘请顾问，找到人生路上的诸葛亮，及时解决当下的事，那样，即便不能赢在起跑线上，也一定可以笑着往前奔跑。

想要找到适合你的顾问，你需要主动一些，寻找在行业里具有合适的地位、足够的经验且刚好有时间也有精力帮助你的人。

1. 选择合适的人

有名的专家不一定是最合适的。他们都很忙，收费高，也很难预约到时间。你选择的顾问最好容易联系到，还要有与你行业相关的人脉圈子。

选择一位能真正帮助你的导师非常重要。

2. 要么舍得花时间，要么舍得花钱

想让一位行业大咖成为你的导师，首先，你可以为他花很多时间很多精力，为他做他特别看重的事情。你用心为他做事情，他会看见，并且会在适当的时候给予你帮助。

其次，最直接的方式就是为他花钱。去上他最贵的课，花钱请他当自己的个人顾问。专家的时间都很贵，为他付钱是对他的尊重。他也能把自己的知识传授给你。

在打造个人品牌的过程中，可能你想要学习的领域有很多，此时你要懂得筛选，不要在一段时间内向很多专家、顾问学习，毕竟你的时间有限。可以根据你的要求，分主次去持续学习。

如果你现在在打造个人品牌，商业布局、社群搭建、营销这些方面是你亟须解决的问题，你就可以先去咨询这些领域的顾问。

3. 请教行业专家，要表达谢意

如果你遇到了棘手的问题，刚好你的微信里有这个领域的

大咖，你请教了他，如果他回复了，不管能不能帮你解决问题，都不要忘记给他发一个红包或者寄一份礼物，表达感激。

越是优秀的人越看重一个人的人品。你表现得谦卑、勤奋、好学、会做人，大咖会更容易记住你。下次你再有什么事情需要他帮助的时候，他依然会给时间、给人脉。

4. 花钱向顾问学习，让你的时间更值钱

在打造个人品牌的过程中，我越来越懂得寻找专家顾问的重要性。2020 年，我参加了剽悍品牌营，认识了很多厉害的专家老师，这打开了我的格局和商业思维。品牌营的猪先生成了我的个人商业战略顾问，褚运七成了我的首席社群顾问，我聘请往期品牌营的师姐莘茹做了我一对一的声音私人教练。

大咖的时间都很贵，但是我愿意花钱请他们一对一指导我，这让我在创业的过程中少走了很多弯路，他们也让我迅速提升自己、赚到了更多的钱。有一次，我遇到了一件特别棘手的事，惊慌失措，在我最无助的时候是猪先生与褚运七不断帮我分析问题的根源，提出具体可行的解决方案，他们给我的智慧锦囊让我很顺利地处理好了那次危机事件。

顾问愿意帮助我们其实最重要的不是为了钱，而是希望帮助我们取得成功，所以当我们有了顾问之后要更加努力精进，

这样才不辜负他们为我们花费的时间。

在找顾问咨询学习，提升自己的能力的同时，你也要学习专家们是如何帮助你解决问题的。因为当你的势能越来越高、能力越来越强、影响力越来越大的时候，你也会成为别人的顾问，你的时间也会变得更值钱，你也能成为一个被更多人需要的“牛人”。

我是 2020 年 3 月第一次付费聘请了商业顾问，不到两个月我自己也成了学员的个人品牌商业顾问，这是以前的我想都不敢想的——谁会愿意为我付昂贵的咨询费？但是现在我真的实现了。因为我在请教顾问的过程中，其实也在向他们学习如何做人处事——如何成为一名优秀的教练，如何构建私教的模式，如何成就学员。

2020 年，经过几位私教的辅导，我的个人品牌商业模式得到了很大的提升，我也感受到了有私教是一件多么幸福的事情，他们就像智囊团一样，让我不管面对什么困境，都有信心去面对，因为个人品牌创业的本质就是不断去解决新问题，获得新惊喜。

2021 年，我又陆续花钱请了食疗健康顾问、视频号顾问、文案顾问、创业顾问，甚至我最近还请了线上的健身顾问。我知道我如果想要人生全面开花，就需要各个方面的专家老师带着我去迭代，这样我进步的速度也会更快。

随着知识付费被越来越多的人熟知，用户对课程的需求会越来越小，他们有了一定经济基础之后，更需要有老师能一对一地指导个性化的问题。所以，你可以想想，你在能力提升之后是否也能成为别人的顾问？比如，你的定位是健康营养师，那你就可以开设私教班，一对一帮助学员通过搭配营养饮食来改善他们的身体问题。私教的时间可以设置为半年或者一年，收取的学费也相对较贵，你的时间会更值钱。

最好的投资，就是投资自己的大脑。让自己变得更智慧，财富自然而然会到来。

今日思考

- 你打算选择哪位老师成为你的个人品牌商业顾问？为什么？

成就：成就他人，是成就个人品牌的捷径

极致利他是猫叔一直提倡，也一直在践行的理念。这个理念也一直在影响着我。

1. 成就厉害的人

2015 年，我给恩师雪小禅申请了公众号“雪小禅”，做了“雪小禅最美微刊”系列。刚开始运营公众号时，文章插图都是我亲自设计的，每次都会熬夜设计到很晚，力求精益求精。4 年间公众号已经积累了 7 万粉丝。

我会在这几年无偿主编雪小禅老师的公众号，只是因为她是我深爱的作家，是对我影响深远的老师。做这件事雪老师很高兴，因为我让她的文字以极美的方式呈现出来，并且被更多人看到。我在成就她的过程中，自己进步也很大，我的审美提升了，对文学有了更深的认知，并且雪老师的很多读者也渐渐知道了我，喜欢上我，并购买我的书去阅读。

我们在成就厉害的人时，不用问结果，真心实意做事即可。

因为越是大咖，越懂得给予你更多。

2. 成就你的学员

成就了你的学员，你就有了成功案例，会让更多人信任你，你自然会有更大的影响力。

当我们开设课程后，就要尽力为自己的优秀学员争取一些福利，调动学员的学习积极性。比如，可以给他们提供一些 App 的认证绿色通道，可以给他们介绍一些资源。

正所谓成人达己，**成就自己的学员，也是你成就自己的捷径。**以前做手机摄影美学导师的时候，我在通过图虫认证的资深摄影师时，便向图虫的内部编辑申请了更多的认证绿色通道给学员。她们在我的推荐下成功申请到了图虫加 V 认证，会特别高兴地发朋友圈表达喜悦，我也会发朋友圈，这样就会让更多人看到我们的成功案例，也能吸引更多学员的加入。

今日思考

- 从你的学员中，找出 5 个成功案例，并从这些案例中总结出成功的原因。

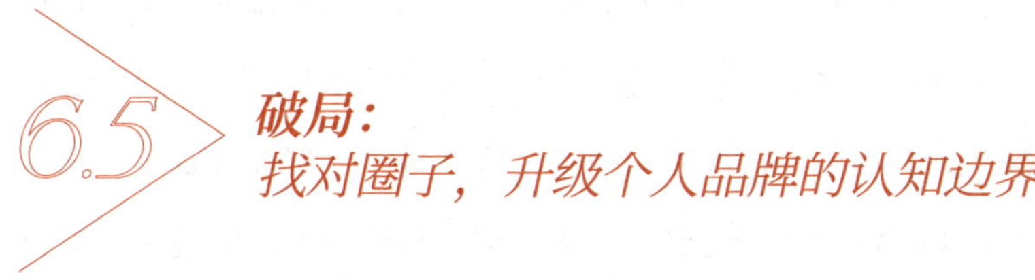

6.5 破局：找对圈子，升级个人品牌的认知边界

你的圈子决定你的生活质量以及你自身价值的体现程度。

圈子，其实就是拥有某种共同标志符号或者为了某个特定目的而联系在一起的人群。

高质量的人脉是一个人走向成功之路不可或缺的外围支持。持续成长，就是不断提升自己的圈子，遇到高势能的人，向优秀的人学习，你的认知与能力都会因为优秀圈子的激励与赋能，不断迭代。

那么，我们如何才能找到优质的圈子呢？

1. 凭借兴趣找到志同道合的圈子

2016 年，因为热爱写作，我经常给十点读书投稿，这个公众号有几千万的粉丝。我的目标是有一天能在这个平台发表自己的文章，被更多人看见。在失败了几十次之后，我终于成功在十点读书上发表了文章，并且很快成了十点读书的签约作者。紧接着我被拉进了十点读书的社群，这个社群有几百人，一些国内权威图书公司的编辑与有影响力的自媒体人也都在这个社群里。这个社群让我连接到了很多编辑与作者，让我真正意义上进入了自媒体人的圈子。我在这个社群连接到了图书策划人李媛媛老师，她出版了毕淑敏老师的百万级畅销书，非常优秀，后来，她成了我的新书《守住》的图书策划人。

你进的圈子里藏着很多机会。

如果你是创业者，可以加入创业者社群；如果你是摄影者，可以加入摄影社群；如果你是读书人，可以加入阅读社群；如果你是宝妈，可以加入宝妈社群……你可以在这些社群里找到与你同频的人。

2. 付费参加高势能的社群

你身边的人是什么样的，你大抵也是什么样。如果你想要提高认知、拔高身价，那就得破圈，向更厉害的人学习，汲取高能量。

厉害的人之所以厉害，优秀的圈子之所以优秀，必然有其区别于普通人和普通圈子之处。优秀的人不是天生厉害，而是异常勤奋努力，敢想敢干。而优秀圈子的背后，是大量的高端资源和高频人脉。只要你能充分利用自身拥有的资源和人脉，及时获取最新资讯，了解创富赛道，就能抓住当下的红利。

有人对此不屑一顾，认为是金子在哪里都会发光。然而，事实的真相是，酒香也怕巷子深。不是谁都有机会崭露头角，自古至今，怀才不遇者大有人在。

破圈就是破局，只有不断向外探索，才能打破原有认知。认知提升了，财富就是信手拈来的事。毕竟人无法赚到认知以外的钱。就像你无法和搓麻将的大爷谈创业，无法和菜市场的大妈聊 IP。相信我，破圈才是王道。

破圈，接触高维圈层，连接高频人脉，汲取高度能量，你一定会变优秀。而连接“牛人”最好的方式，就是为他付费，比如买他的课。此时你可能又会质疑——加入高维圈层，价格不菲吧？没有钱怎么办？

其实，越是收入低越要付费学习。如果不付费学习，就永远走不出当下的困局。富人和穷人的本质区别就在于认知，而这会导致贫富差距越来越大。

虽身处小镇，但是我知道如果想要实现认知升级就需要加入不一样的圈子，所以这几年我付费加入了猫叔、Angie 老师、薇安老师、行动派琦琦等大咖的社群，通过线上社群实现了人脉的破圈。越连接，越有力量。

如果你不安于现状，如果你有创富梦想，那就大胆地付费加入高维圈层，接触更厉害的人，借势借力，乘风而上，勇攀高峰。

圈子就是个人资源与社会资源进行交换、整合、匹配的能量场，圈子决定了你的认知与眼界。

当然，圈子对一个人起的只能是助推作用，你只有不断提升自己的能力，做出成绩，让自己成为“牛人”，才能进入更高的圈层。

今日思考

- 找到一个优质的圈子，以其为师、为友进行交流，并写下你的收获和感受。

第 7 章

变现力

如何低成本引爆
私域资产增长和变现

7.1 布局：个人品牌快速变现的五大策略与步骤

很多学员问我，究竟如何才能实现个人品牌的变现？其实我们做每件事都需要积累，你的个人 IP 影响力会从无到有，粉丝会从少到多，财富力也是如此。

接下来给你分享实现个人品牌变现的五大步骤。

1. 找到个人 IP 的标签

传播者总会有意识地把他的符号标签植入内容中，既然内容记不住，那记住标签就可以了。标签就是告诉别人你是谁，你代表什么，你是做什么的，为什么你可以做好这件事情。品牌就是你和多少人就某一件事达成了共识，传播就是反复不断地和很多人去说一件事情。

我曾想找一位线上健身教练，刚好刷朋友圈时看到微信好友敏瑞发了一张她健身的照片，我下意识地看了下她的视频号，标签是健身教练，并且是专注于女性塑形的科班教练。我马上与她约了一对一语音通话，咨询了她的产品，刚好她有线上健身私教的产品，我几乎没有过多犹豫就报名了。

实际上我们从没有聊过天，只是通过一个付费社群添加了彼此的微信，但是因为她有个人标签，所以我会觉得她是专业的，就有了向她学习的自驱力。现在她已经加入我的菁凌年度会员，因为她看到我的标签是女性个人品牌商业顾问，她刚好想要学习个人品牌课程，想要有老师能一对一帮她梳理她的个人品牌产品体系。听了我的课之后，她马上付费报名了我的菁凌年度会员产品。

你发现了吗？**当你有了个人标签之后，你就知道能为别人提供什么价值，用户也能更快分辨出你是否能让他从当下的状态到达一个理想的状态，成交就变得非常简单。**

2. 输出优质的内容

要保持持续地更新，让大家了解你的擅长点、发光点。

这 8 年我一共出了 6 本书，累计为 100 名女性拍摄写真，主编了 3 个公众号，“遇见李菁”公众号长达 10 年时间保持日更。你好比是花朵，用户是蜂蜜，想要收获什么样的蜜就要先长出什么样的花，然后才能吸引蜜蜂前来采蜜。

在一个方向上持续努力的程度，决定了你最后能到达的高度。

3. 积累你的精准粉丝

你要思考以下几点：你的用户是谁？你的受众是大众还是小众？你做哪类内容能连接上他们？你的用户在追求什么？逃避什么？焦虑什么？迷茫什么？找到你的精准用户很重要。

我用了 9 年时间，积累了 8 万微信好友。有老师说我的个人微信号价值百万，他为什么这么说？因为我现在能实现年入百万全靠自己的个人微信、社群。只要我研发新的课程就会有“铁杆粉丝”支持购买学习，好口碑又能带来新用户，这样持续耕耘，就会让自己的个人品牌越来越值钱。

4. 根据粉丝需求研发你的产品

粉丝会基于对你的信任、喜欢，购买你的产品，帮你实现更多收益。

产品分为有形产品与无形产品。在有形产品方面，我打造了一款传统手工小饼——菁凌见素小饼，原材料品质又健康，所以获得了好口碑，复购率高。

在无形产品方面，我打磨了自己的核心课程——菁凌女性个人品牌商学苑年度会员。

如何研发产品？从粉丝需求入手。你的粉丝需要什么，你就研发相关的产品，你要解决粉丝的痛点，满足他们的需求。

在正式研发之前，我推崇小米的做法，先向种子粉丝调研，了解他们的需求，研发出初级产品，再请粉丝提改进建议，如此不断优化、升级迭代，打磨出真正能够满足粉丝需求的好产品。

5. 搭建团队，找到适合你的商业模式

只有找到适合你自己的商业模式，你才会少走很多弯路，实现更多营收。

一个人不如一群人的力量强大。以前我是一个人干活，但是现在我有了自己的团队，有了自己的事业合作伙伴，我们彼此汲取能量，强强联合，才会走得更远。

现在我线下有 4 名全职助理，线上是百人团队，因为有她们的助力，我能帮助的人越来越多，逐渐找到了轻松变现的商业模式。

以上就是个人品牌变现的 5 个步骤。也许你会问，这 5 个步骤必须按照顺序发展吗？可不可以先打造团队，再建设产品呢？或者先打磨产品，再有粉丝？

其实这 5 个步骤的顺序不是绝对的，每个人可以根据自身的情况做调整与优化。毕竟适合自己的方式才是最好的。

现在是互联网时代，未来的趋势是社交新零售模式，每个

人都是一家公司，要打造属于自己的个人 IP，左手卖课，右手卖货，你会拥有更多财富，并且在自己赚到钱的同时影响更多人，帮他们实现自我价值，这样你也获得了这个社会对你的认可与尊重。

现在很多人缺现金流。我做民宿的时候每个月会想着各种支出，淡季需要自己垫资给员工发工资。当我有了互联网思维后，我开始打造个人品牌，左手卖课，右手卖货，一个月收入最高时可以达到 100 万元，并且没有淡旺季之分。

而 8 年前，我读完研在高校教书，一个月收入只有 4000 元。这 8 年我不断升级自己的思维，不断学习，收入翻了 100 倍，一个月能挣以前七八年的收入，实现了个人品牌的价值变现。

从平凡到不平凡，从负债累累到实现财富的相对自由，我可以做到，你也一定可以！

今日思考

- 思考一下，你正走在个人品牌变现的第几步？

7.2 管道：个人品牌轻创业如何实现多渠道收入

个人品牌塑造者轻创业时如何实现多渠道收入呢？有以下几种方式：写作、教学、演讲、顾问咨询。

写作、教学、演讲和顾问咨询能让你多面出击，在用户心中打造全面立体的形象，他也会对你更信任更认可。

个人品牌塑造者必须练好书写与表达这两项能力，它们能让你将内在的知识体系通过文字与言语传递给更多人，你的影响力会得到迅速提升。

当初我从体制内辞职成为自由职业者，我初始的目标是写作，我花了很多时间和精力创作了一本本畅销书。如果我就这样一直写下去，把写作当成一种孤立的职业，我会变得越来越内向，越来越孤独，也不会活得像现在这样从容。不可否认，这种从容是物质上的富足带给我的。

我在《金钱的灵魂：让你从内在真正富起来》一书中看到这样一句话："如果我们呵护那些'富裕'的种子，运用我们的金钱，像浇水那样以灵魂使命为出发点来滋养它们，就能够获得并享受丰盛的收获。”

看到这句话的时候，我内心涌起一股强烈的共鸣。

我物质上的富裕从何而来？因为在写作之外，我创办了女性个人品牌变现实战营、李菁内容创富特训营、私域裂变成交高手实战营等，在线上线下演讲，成为女性个人品牌商业顾问。我为什么教女性打造个人品牌？因为这样能助力她们挖掘自身的潜能，去遇见更好的自己，过上又富又美的人生。多渠道收入能让你有底气去做更多事情，不把鸡蛋放进同一个篮子里，这样能避免一些风险。

现在的我，时间越来越值钱，我招一名个人品牌年度私教学员，获得的收益就相当于写一本书的收入了，但是我依然笔耕不辍，坚持每天输出 1000 字，勤奋耕耘我的下一本书。有些事情并不能单纯用金钱去衡量，它还有更强大的力量。就像写书并不挣钱，但是它能帮作者引流，让你通过文字帮助更多人，树立你的专家身份，提升你的影响力，让你变得更值钱。

2020 年之前，每次新书出版，我都会在线下书店演讲，通过卖书或者出场费来获得收入。2020 年之后，不方便在线下举办分享会，我就开始尝试用视频号直播的方式来分享，其实这也是演讲与表达的一种形式，这种形式更加轻松自在，好像在与朋友聊天。

分享即销售，因为我们在输出内容的过程中，就已经成功地把自己营销出去了，让更多人看到了我们的专长，看到我们可以提供的价值，从而对我们产生信任，也能让我们通过销售自己的有形产品或无形产品获取财富。

写作、教学、演讲、顾问咨询，这四件事情只做好一件事就已经需要你花费很多心力了，想要将这四件事同时做好并不容易，需要你付出许多时间提升自己的这几项能力。它们都是相互支持、相互促进的，一旦你逐渐积累了一整套知识，那么你将其传递给学生、用户和公众就是一件自然而然的事情。

如果你具备某一领域的专业知识，打造个人品牌，可以助力你打通所有的传播途径，运用好“教学、演讲、写作以及顾问的循环模式”，可以帮助你实现影响力与财富的升级。

如果你是千里马，这四项能力就是四条腿，这四条腿如果都健硕有力，你会奔跑得更加轻松自如，也会跑得更远，见到更多别人见不到的人间景致。

今日思考

- 你目前的收入渠道有哪些呢？

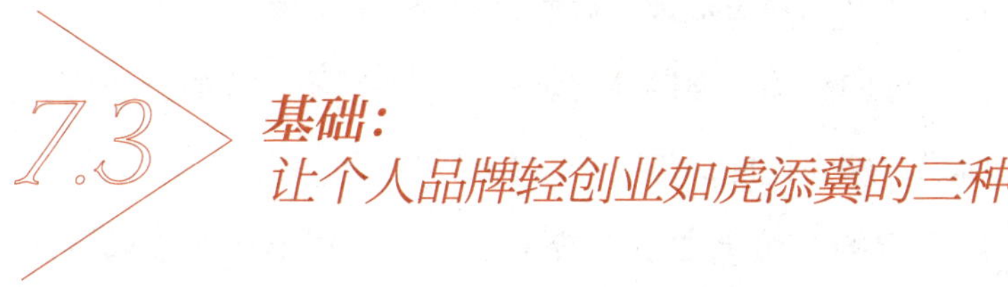

7.3 基础：让个人品牌轻创业如虎添翼的三种力

个人品牌塑造者在创业过程中需要拥有三种力，分别是：体力、心力、认知力。

1. 体力

健康的身体是一切的基础，为了让自己有个好体力，你需要经常运动，注重健康饮食。

个人品牌塑造者要清楚锻炼身体的重要性。企业家王石酷爱户外运动，常年坚持跑步、登山，现在的他身体素质并不输给年轻人。畅销书作家张萌（萌姐）曾在 2016 年查出甲状腺有多处结节，很多医生都建议她做手术切除甲状腺，但她没有。她给自己安排了 150 天日程进行系统性的训练康复，包括饮食、休息、运动等。她的病痛靠着自学与实践被治愈了。现在的她每周不管工作再忙都会练泰拳，她说好体能是高效能的基础。她每天早上 4 点起床，一直忙到凌晨，精力管理让她有好体能去应对高强度的工作。

持续运动也能磨炼你的意志，让你更自律更有毅力。如果你不关注你的身体，你的体力总有一天会跟不上你的野心和欲望。所以，加强体能训练吧，你会走得更远。

熟悉我的学员都知道，我是早产儿，从小体弱多病，从不运动，长期伏案工作，喜欢熬夜，这让我长期处于亚健康状态。你知道吗？身高163厘米的我最胖时重达143斤。但是，现在我已经意识到，没有健康赚再多钱都没有用。我开始每天早睡早起，晚上11点休息，早上5点45分起床，随后先运动1小时再开始一天的工作，这让我觉得能量更足。在饮食方面，为了保护嗓子我不吃辣，为了拥有好身材我不吃甜食、不吃夜宵，每顿午餐和晚餐都注重健康的饮食搭配。现在，我的体重已经减到了103斤，整整瘦了40斤，并且整个人的精气神更好了。

亲爱的读者，像我这样不爱运动、体弱多病的人都能通过规律饮食与运动获得更健康的身体，拥有好体力。只要行动起来，你也一定可以拥有。

2. 心力

力由心生，个人品牌塑造者在创业的过程中，心力最关键，能力之上是认知力，认知之上是心力。

创业者会面对纷繁的问题，内心的承受力就很重要。如果你的内心足够强大，你就能依靠内心的力量，为自己走出一条路来。只要“我心不动”，保持专注，你就会有拼搏的原动力。

对个人品牌塑造者来说，必须要增强自己的心力，提升抗干扰的能力。

3. 认知力

人与人之间的差距很多来自认知差与信息差，所以升级自己的认知很重要。当你的认知比大部分人强的时候，你就能影响更多人，别人就会对你另眼相待，觉得跟你学是有收获的。

人的一生都在为认知买单，对于个人品牌创业者来说更是如此。我们很容易局限在自己的认知里，我们对个人品牌打造的认知、对互联网的认知、对这个世界的认知，都受限于我们的认知力。拥有了高水平的认知力，我们才能脱颖而出。

认知力，首先是要认知自我，因为一个人只有对自己形成正确的认知，才能对标这个社会，找准自己的赛道。

认知力就是解决自己不知道问题的能力。如何才能知道自己不知道呢？我们可以多与认知水平比自己高的人接触，和那些各行业的顶尖人物打交道，珍惜每一次与他们近距离学习的机会。在与这些顶尖人物交流与学习的过程中，你会了解到一些新的机会和趋势，从而打破你的认知边界，拥抱你的无限可能。

如何才能搭建属于自己的高手人际关系网呢？有三点建议：一是学会欣赏他人；二是让别人觉得你是一个靠得住的人，只有这样对方才能信任你；三是学会让利。有舍才有得。在我与菁凌研习社老师合作的时候，我不会把自己的利益放在前面，宁愿自己吃亏，让别人多赚一些，这些老师因此更信任我，我们有了更为长久的合作，互利共赢。

这是一个个体崛起的时代，你自己本身就是自己最贵的产品，拥有体力、心力、认知力，变得越来越重要。当你更强大的时候，你附带的产品，不管是有形产品还是无形产品，都会产生更大的价值，被更多人需要。

你要对自己极度自信。

今日思考

- 为了保持健康，你愿意做哪些事？

能力：通过个人品牌实现创富的五大能力

1. 专注的能力

在浮躁的社会，能专注于一个领域持续深耕很多年是一种极为稀缺的能力。

我为什么能通过打造个人品牌实现变现？因为写作我坚持了 15 年，拍照我坚持了 7 年，知识付费领域我坚持了 8 年。当我专注地去做这些我发自内心热爱的事情的时候，随之而来的，我的粉丝变得越来越多，变现也越来越多。

《寿司之神》这部纪录片让更多人知道了寿司之神小野二郎。这一生，他只专注于做寿司这一件事，永远以最高标准要求自己与学徒，他会观察客人的用餐状况以微调寿司，确保客人享受到美味。他的工匠精神让他的寿司店远近闻名，他做的寿司也被誉为值得花一辈子排队等待的美味。

专注是一种值得敬重的能力。

2. 勤奋的能力

很多成功者都有一个共性——超乎常人的勤奋。

初中时代的我是一个破罐子破摔的问题学生，处于迷茫期。我从高一那年学画画时才开始找到勤奋的路径。我去画室的第一天就在本子上写了一句话：**“虽然我不是最好的那一个，但是我可以做最努力的那一个。”**这句话后来成了我的人生座右铭，时刻鞭策着我，也让我把努力当成了一种习惯。

这让我不管做什么事都愿意比别人付出更多的时间与精力。我一直觉得自己并没有什么天赋，现在大家所看到的我的天赋都是我用十年如一日的勤奋换来的。

在打造个人品牌这条路上，我没有太多优势，没有储备资金，不在大城市，缺少与“牛人”、大咖面对面交流的机会……但是我从起床到入睡，无时无刻不在为自己个人品牌的打造倾注心力，因此，没有太多优势的我依然可以每天都能看到自己的进步。这日复一日的勤奋，让我超过了很多人。

3. 学习和接受新事物的能力

2014 年，公众号刚刚兴起，我马上注册了自己的公众号，到现在公众号已经有了 9.5 万粉丝。2016 年，知识付费刚刚兴起，我辞去大学老师的工作，在网上开摄影班，到本书截稿时已经开了 15 期，累计服务了 10000 多名学员；2016 年，自媒体兴起，我拆解各大自媒体平台的写作方法，在“视觉志”发表了有几千万点击量的爆款文章。

2018 年，民宿兴起，我在家乡打造了一家充满诗意的民宿，开业第一天公众号推文获得了 30 万的阅读量，我的民宿也被更多人自发传播，一房难求，湖南卫视午间新闻栏目组专程来到小镇为我们的民宿录制专题片。

2020 年，视频号兴起，我投入大量时间与资金在这个赛道，从一个短视频小白蜕变成了视频号作家榜单 TOP10 的号主，实现了人脉的破圈。

顺势而为，紧跟这个时代，找到适合自己的平台，拥有学习和接受新事物的能力，你会创造出更多惊喜。有些机会，只留给趁早行动的人。

4. 强大的心理承受能力

当你开始打造个人品牌的时候，就会有更多人关注到你，有很多人喜欢你，也会有很多人讨厌你、打击你、攻击你。互联网传播的便利，让负面的话语变得越来越容易传播。

欲戴皇冠，必承其重。你要有强大的心理承受能力，才能让自己更坦然，也能活得更快乐。

越是有影响力的人，遭受的“唾沫”就越多。很多明星练就了强大的心理承压能力，根本就不关心负面的话。

作为个人品牌塑造者，我们很可能成为“自明星”，成为互联网某个细分领域的名人，所以，让自己的心理承受能力变得更强大、内心更乐观，是一件很重要的事情。**不要轻易被别人的言语影响了自己向前奔跑的步伐。**

在刚开始通过个人品牌创富的时候，我敏感、脆弱，稍微遇到一些难题就会失眠，内心十分痛苦。后来，我提升了自己的钝感力，当卡点出现的时候，我不再是用情绪去解决问题，而是改用策略与智慧，用平和的心态去处理每一件棘手的事情。

我的心智在历练中变得更加成熟，我学会了包容、理解，内心变得更加强大。

5. 商业化的能力

打造个人品牌需要培养商业化的能力，通俗来说，就是赚钱的能力。这样你的个人品牌才会做得更持久。

不确定性和变化是个人品牌创业的常态。具备精益商业思维，能让你更好地应对不确定的世界。**做一件事，先小规模、在小范围内验证商业模式，花时间仔细打磨好产品，再继续扩张，也就是先追求效益，后追求规模，这就是精益。**

比如，我们开设线上训练营，需要先打磨好自己的核心基础训练营，为了让用户有更好的体验感，你作为这个训练营的导师、灵魂人物通常会怎么做？肯定会花很多时间和精力把产品和服务打磨好。如社群运营官由谁来负责会让社群更有黏性？交作业使用哪个小程序会更方便？用哪一种授课方式更能被学员接受？如何调动学员的积极性？优秀学员的奖项如何制定？如何才能保证完课率？此外，你还得花很多精力思考如何让老学员带来新学员，为下一期招生做准备。

创办线上训练营能培养你越来越强的运营能力，先做好该训练营的口碑，积累经验，再继续延伸做进阶训练营，你会更加得心应手。如果你还未能游刃有余地运营该训练营，就开始扩张，做很多其他的课程与训练营，你会忽略很多细节，产生很多不必要的麻烦，你的内心也会很焦虑。

精益就是聚焦，是刚刚起步的个人品牌创业者最核心的竞争力。

今日思考

- 打造个人品牌是一个长期的事情，目前的你是否已经具备了这 5 种能力？如果没有，你将如何提高所欠缺的能力？

7.5 趋势：如何通过视频号实现个人品牌变现

我从 2020 年 4 月开始运营视频号，先后运营了 5 个个人视频号账号，目前我聚焦运营的视频号“遇见李菁”已经经过黄 V 认证，有 3.9 万粉丝，并且持续打造了多条超 100 万和超 10 万浏览量的短视频，单条视频最高浏览量高达 270 万。视频号“遇见李菁”荣获 2020 年度金视榜文化博主 TOP10。

有学员问，视频号真的可以变现吗？答案是肯定的，因为我自己做了 4 年视频号，变现了 7 位数。你想知道我是如何通过视频号变现百万元的吗？

1. 视频号可变现的产品类型

（1）有形产品

包括别人的产品和自己的产品。

①销售他人的有形产品，通过提分佣来赚钱。如助农卖水果、卖年画等。卖年画是我 2020 年春节前做的一次活动。我先去我们浦市古镇湘西版画院拍摄了一条短视频，剪辑的过程

中我就把一些图片和文字整合成一篇图文并茂的文章，发布在我的微信公众号上。我发布这条视频时在下面带上了我的公众号文章的链接，读者打开这条链接就可以看到年画具体的文字内容和介绍，这篇文章的最后是一个二维码。我在之前就把年画的照片传到了我的微信小商店里并形成微信小商店扫码的一张海报，就把它插在了文章的最后，形成了一个闭环。

每一个环节层层推进，每个环节都要考虑到用户。我在公众号和视频号都发起了送福利活动，能让更多人点赞、转发、看到这条视频，这条视频的点赞量也很高，现在已有几万的浏览量，同时也卖出了很多幅年画。

②销售自己的有形产品。销售自己的产品可以自创品牌。比如，我和菁凌年度会员紫苏一起创立的菁凌见素小饼品牌，我会给小饼拍一些美照，将其发布在微信小商店上，通过视频号公布短视频或者直播销售小饼。我直播既卖自己的课也卖自己的货。我统计了一下后台数据，小饼的成交量最高，达到几百份，原因是很多人喜欢这款小饼。

在销售自己的有形产品时要注意：

- 符合你的人设定位。比如，我的人设是一名慢生活倡导者，我在古镇过着理想的生活——开民宿、拍美照、写美文。当我创立美食品牌并销售菁凌见素小饼这种传统手工小饼时，我的产品和我人设是一致的，并不违和。

• 要有你的独特性、差异性。在做这款产品时你要思考如何与同类产品形成差异化，这样别人才会买你的产品，而不是买别人的。很多人买菁凌见素小饼，是觉得它的名字是我们夫妻名字的结合，它不仅是小饼的味道，还含有爱情的滋味。很多人羡慕我和爱人的爱情，在吃小饼时会感受到来自我的祝福以及幸福的力量，这就赋予了产品人格化。我在卖小饼的时候会把视频号的粉丝吸引到我个人微信号上，他们在翻阅我的朋友圈时，会看到其他用户品尝小饼之后的好评，就会下单，这也是一个变现的过程。

（2）无形产品

①网课。一般网课从 99 元到 999 元不等，如我的手机短视频美学课定价 199 元。网课通常没有后期社群的服务，优势是便宜，用户犹豫成本比较低，看到之后觉得对他有帮助就会马上下单。劣势是用户无法与你产生强联系、进行互动。

②训练营。比如，我的女性个人品牌变现实战营定价 1999 元。其好处是让用户与我有更深的连接，产生强信任，劣势是做训练营之前你要把整个社群服务规划好，毕竟运营成本、时间成本是很高的。

③会员。比如，我设有收费 9800 元的菁凌女性个人品牌

商学苑年度会员。菁凌年度会员可以免费学习菁凌研习社平台的所有课程，可以得到我的个人品牌赋能，与我产生强连接，也可以连接到很多优秀的、热爱美好生活的女性朋友。

会员制一个很大的优势是能让你的产品使用者变成你的产品推广者、传播者，这点非常厉害。我们如何让自己的产品被更多人知道，产生裂变？或者让老用户给我们带来新用户？这时就要用到会员制了。我是这样设置的：用户介绍一个朋友过来上我们平台的课程，菁凌年度会员分佣 30%，她们能够得到好处，才会在她的朋友圈推平台课程。所以，一定要学会分利。

④私人顾问。这是一个更高标准的产品。我的个人品牌年度私教班收费 29800 元，属于顾问式咨询陪跑产品。

这就是一个完整的产品体系。你运营视频号时，也要把整个产品体系（如网课、训练营、会员等）搭建起来。

2. 视频号的变现类型

（1）微信小商店变现

你可以申请自己的微信小商店，借此销售自己的产品。

（2）直播变现

你可以通过视频号直播销售产品，你要提前想好如何让更多朋友购买你的产品，在直播过程中多分享一些干货，而且要足够了解产品。

直播时，你要有足够的热情，你的语言要有感染力，思想表达要清晰，所以要训练自己即兴演讲的能力，

如果你觉得自己的即兴表达能力不行，那你就一遍一遍地刻意练习。你在直播之前可以把自己要讲的内容列一下大纲，这样直播时才不会慌张，知道讲完这一点，下一点讲什么。

（3）广告变现

视频号广告比公众号广告收益更高，市场价是 1000 个粉丝就是 1000 元广告费，比如说我有 20000 个粉丝，那我接一条视频的广告就可以要价 20000 元。这个前景特别好，所以你要思考如何增加自己视频号的粉丝。

（4）知识付费变现

不管是网课、训练营、会员，还是顾问，都是知识付费变现，所以要提前搭建好你的知识付费体系。

（5）电商变现

你可以与一些商家合作帮他们带货。

2021 年，两位年入千万元的大咖老师付高价聘请我成为他们的视频号顾问，帮助他们打造更美更具影响力更有变现力的视频号。

只要用心种下一颗种子，用心去浇灌它，一定会等到它绽放的时刻，同时自身也会被它滋养。你的时间花在哪里，你就会在哪里收获果实。

你有多厉害，取决于你能为别人提供多大的价值。

今日思考

- 你的视频号后端承接的产品是什么？你如何规划自己的视频号变现路径？

直播：如何通过直播倍增个人品牌影响力

近年来我一直在做直播，并且取得了不错的成绩。这里有一些经验分享给你。

1. 不断练习思想表达

由于我长期进行伏案写作，多进行文字输出，导致我的口头表达能力相对薄弱。加入猫叔的训练营之后，听到猫叔再三强调思想表达的重要性，我深受启发，于是决定跳出舒适圈，做出改变。之后，我通过直播分享这种方式刻意锻炼即兴表达能力。经过一段时间的坚持，我的表达能力和镜头感都有了显著提升。

有学员对我说，她有镜头恐惧症，不敢面对镜头。其实，你直播的时候可以想象自己是在山谷里与一群朋友聊天，身边有兰花盛开，散发清香，还有鸟雀在歌唱，这样你就会放松下来。

允许自己可以先完成，再完美。

2. 直播前期预热宣传很重要

我会做出有品质的直播海报发在朋友圈，提醒朋友们看直播，海报上会加上视频号二维码，让朋友们扫码预约直播。我也会在公众号、朋友圈、社群做预热宣传。

提前宣传很有必要。我在直播前一般都会预热宣传，这样在直播时累计会有 2000 多人进入直播间，并且观众的互动热情很高。

现在只要关注你视频号的粉丝，在你直播时都会收到通知，这也大大增加了直播的观看量。由此可见，增加视频号粉丝量至关重要。

3. 产品的选择

直播可以卖有形产品，如食品、护肤品，也可以卖无形产品，如你的课程、会员等。我直播选择销售的产品是自己的知识付费产品，先分享干货，再适时推课。哪怕什么都不卖，只是分享干货知识、经验，也能很好地营销自己。**我们即使当不了专业主播，也可以通过直播实现个人品牌影响力的倍增。**

为了让用户觉得超值，可以设置一些特殊福利，如只要在直播期间下单购买课程，额外赠送其他课程或礼物，这能让对该产品感兴趣的用户更快下单。

4. 直播间气氛营造

我会提前邀请一些朋友在直播间烘托气氛，这样更容易激起用户购买产品的冲动。我们在直播时不能只顾着自己讲，还要时不时留意直播间用户的留言，给观众反馈。

直播时定时抽奖，可以增加用户的参与感。你可以告诉观众你几点会设置福袋抽奖，让大家不要走开，给用户明确得到福利的预期。因为观众大多是用碎片化时间看直播，很容易就划走了。你要给他们一个坚持听下去的理由。也可以从提问的用户里选取幸运朋友送礼物，这样既能调动用户在直播间刷屏提问，烘托气氛，又能让你与用户有更深的连接。

5. 如何通过直播涨粉

（1）通过观众转发直播，增加场观

在直播的时候你可以引导观众转发朋友圈。

可以设置一个几分钟的福袋，设置好之后让大家转发直播链接到朋友圈，留下截图，最终凭转发截图才能领奖。观众的转发能提升你直播的观看量。

（2）把用户留存到你的个人微信

我们要有意识地把公域流量转化成你的私域流量。

你可以让助理全程录制你的直播，将其上传到荔枝微课、小鹅通等平台。你可以在直播时告诉观众，你会让助理全程录制今天的直播，想要看全程回放的观众可以添加助理的微信，助理会拉他进入粉丝群，并发送回放链接，可以永久回听。这样能让一些新用户留存在你或者你助理的微信上。如果担心添加人数太多，可以提前准备好一个群二维码，打印出来，让大家在直播的时候扫码进群。

还有一种方法，就是在直播间说为了感谢今天来看直播的朋友，只要他们在视频号私信里留言“666”，你会送给他们一份音频课。你可以在下播之后一一回复这些消息，让他们加你的个人微信再送课，这样就能把这些用户沉淀到你的个人微信上。

（3）重视在直播间为你送礼物的人

看到有观众在直播中送礼物（特别是比较大的礼物），要马上停下来感谢对方。如果是很厉害的人或者学员来到直播间给你刷礼物，可以提一下你们之间的故事，让直播间的观众去关注对方的视频号。你还可以邀请他们一起连麦，为他们带去更多流量。这会让刷礼物的人感受到一种被你重视的幸福感，进而从粉丝变成铁粉。

直播是一种很好的连接工具，它可以快速建立用户对你的信任感。你在直播中真诚地输出自己的价值观，其实在潜移默化中已经让同频者对你产生好感了。

我们拥抱直播，就是拥抱这个时代。当我们通过直播给更多人提供价值的时候，身边的支持者就会越来越多。

视频号直播不是短暂的风口，而是一种趋势。我从 2016 年就开始用心经营自己的公众号与个人微信朋友圈，这 8 年积累了几万私域流量，所以在做视频号直播的时候会有一定的优势。**请记住：你当下的成绩，都离不开以往一点点的积累。**

今日思考

- 创建一个属于自己的视频号直播交流群，然后策划一场属于自己的直播，可以把你学习的个人品牌知识点通过直播分享给你的朋友们。

红利：个人 IP 如何通过视频号直播多赚三倍

在 2020 年，我升级了商业模式，年营收突破了百万元。但是，创业总会遇到低谷期。2021 年年初，我因为胃食管反流引起的咽喉炎，整整 3 个月不能说话。作为一名靠授课与咨询赚钱的老师，不能说话，就意味着不能服务用户，再加上朋友圈卖课越来越内卷，报课的学员缩减，我的业务停滞，很多人员成本却需要继续支付，这导致我的银行卡余额所剩无几。

那段时间我内心充满了焦虑，有一天晚上终于在丈夫面前泣不成声，因为我不知道该如何求内在的安定与事业的发展。在丈夫的提议下，我去三亚休养了一周，回来之后是 4 月，经过中药调理能说话了，但是说话时长不能超过 1 个小时。

当时看到业内很多老师都在做视频号直播，多年做自媒体的经验让我意识到这是一个不可错过的机会。视频号直播依托于微信生态，这正是我的优势，因为那时我的视频号已有 2 万多名粉丝，“遇见李菁”公众号日更 8 年，早已积累 4 万铁杆粉丝。另外，我还有 10 个个人微信号，6 万微信好友，这是我做视频号的护城河。我很清楚，视频号直播是我逆风翻盘的机会，我一定要奋力一搏。

2021 年 4 月 24 日，我开始做视频号直播，虽然我的嗓子还在恢复期，不能说太多话，但是我可以用连麦嘉宾的方式进行直播。自那以后，我就一直用连麦的方式，边聊天边卖课。刚开始我的直播场观并不高，只有几百人，并且直播间的营收也一般。这样持续了一段时间后，我意识到，我必须找有结果的老师学习，才能有所突破。

2021 年 11 月，我直播了几个月掌握了更多直播成交的方法，12 月做了一场直播发售，卖合伙人的产品，GMV 达到了 50 万元，这也让我看到了直播更多的可能性。

2022 年 2 月中旬，我因为发烧住院，出院之后嗓子还没有恢复，但是看到很多伙伴都冲了单周 10 万元的业绩，我当下就决定排除万难，也要冲一次。为什么要冲业绩呢？因为官方会提供流量奖励。

2 月 21 日至 27 日那一周，我通过直播连麦的方式售卖合伙人的产品，我在不能说话的情况下，单场最佳直播场观高达 40000 人，单场最佳业绩 60000 元，实现了单周营业额突破 10 万元的目标。

直播可以低成本获得流量，并且直播是影响力的放大器。

接下来我就给你分享几个通过视频号直播赚钱的方法。

直播策划路径

1. 重视预约人数

（1）充分触达私域流量

做精致的直播海报，发到私域社群、朋友圈、公众号、视频号，这样可以通知私域的粉丝关注并预约该场直播，做好冷启动。

（2） 群私信通知企业微信上的好友

企业微信可以一键群发消息，触达的人更多。

（3）通过短视频联动，提升直播预约人数

很多视频号博主在直播之前会做一条直播预告的短视频发布在视频号上，提醒用户观看。这是一种提高直播间预约人数的方法。如果你没有时间为直播专门录一条视频也没有关系，因为只要你在视频号后台设置了直播预约，你发布一条新视频，哪怕与直播无关，短视频的展示页面下端都会有预约直播的弹窗信息出现。

更新短视频，仅仅通过短视频联动，就能获得用户的关注和预约，提升你的直播预约人数。

这提醒你每次在设置了直播预约之后，要高频率地在朋友圈或者直播群转发短视频，哪怕是之前做的短视频也没关系，朋友圈好友并不会关注你每条更新的视频，并且短视频上也没有更新日期。很多人会以为你转发的是你最新更新的视频，只要有人为你的视频点赞，他们在看你的视频的时候也会看到你的直播预告，用户如果对你这个人感兴趣，就会对这场直播产生兴趣，他顺手就会预约直播，这样你的预约人数就会越来越高。

2. 增加直播互动

第一，将直播链接转发到各个粉丝群，可以搭建直播运营团队，在做比较重要的直播活动时，可以安排直播运营官在粉丝群发金句与场观成绩的截图，还要在群里多发几遍直播链接，引导群内伙伴去关注直播。

在直播过程中，可以让运营团队的伙伴在粉丝群里面发直播连麦的金句。如果场观比较好也可以做几张庆祝场观成绩的海报。此时，可以在群里面发几个红包，这样可以引导更多人关注直播。

第二，可以邀请你的铁粉成为直播陪伴天使。在你直播的时候，陪伴天使会在评论区发直播金句，说一些为主播加油助威的话。气氛组成员很重要，互动越多，直播间的朋友会觉得你的铁粉很多，直播间人气很高。

第三，将直播链接转发到朋友圈。每隔半个小时可以转发一次，目的是触达到更多微友。为了朋友圈美观，第二天可以再删除。

第四，刚开始直播时可以鼓励观众将直播链接转发到朋友圈，并凭转发截图私信企业微信领取礼物。因为刚开始来看直播的那群用户基本上都是老用户，他们帮助你转发直播间的动力更足。此外，尽量每次转发直播间送的礼物都不一样，这样才更有吸引力，礼物可以是电子书或者网课，这样可以节约成本。

第五，在设置福袋时要再三提醒用户，想要领取福袋，必须将直播链接转发到朋友圈。这样每次设置福袋，就会有更多人转发，带动更多人来到你的直播间。

3. 写连麦流程大纲

连麦之前需要了解嘉宾，提前与对方确定好主题，准备好问题，确定好连麦流程，要细化到何时发福袋、福袋礼物是什么、关键词是什么等，这些要提前写在大纲里。

如果那场直播有卖货的需求，需要跟对方提前沟通好如何塑造产品价值、赠送什么额外福利。

4. 直播连麦促单

不卖货的主播是不合格的主播，所以我们要敢于在直播间卖货。在与嘉宾连麦的时候也可以实现成交。

今日思考

- 你是如何策划自己的直播路径的？写一份直播流程 SOP（标准操作程序）。

直播前的心理建设

1. 做足准备

很多朋友说，直播的时候不知道说什么，也会因为自己在直播中表达得不流畅、表现不好，就很气馁，不想再继续做这件事。

成功永远是留给有准备的人的。我们每次直播前都要问问自己有没有准备好。有没有准备好今天分享的主题？有没有准备好今天直播分享的大纲？有没有准备好今天直播送给观众的福袋和礼物？有没有准备好用户添加你之后你送给他们的福利？

这些环节你自己心里要很清楚，要提前写下来避免忘记，在直播过程中你可以看一下大纲和每一个节点要说的关键内容。

2. 分享就是播种好种子

不要太在意场观，而是要换一种心态——这场直播我是不是能帮助很多人？是不是全然地沉浸在直播中？就像跟很多朋友聊天一样。**在直播中你投入了多少情感非常重要。**

有些朋友觉得直播间三十几个人在线很少，但是你有没有想过，在线下空间 30 人已经很多了。所以直播的时候你要想，他们其实就围绕在你的身边。此时你要反思，这场直播有没有一些观点能启发到他们？有没有一些知识可以分享给他们？你有没有让他们觉得很有趣，或者内心得到了滋养？

放下自己的功利心，用播种种子的心态做直播，这样喜欢你的人会更多，财富自然就来了。

3. 打造一个与观众在一起的场域

我们在直播时不能只是一味地讲干货，要与直播间的朋友多互动，多与他们交流。比如，问他们是新朋友还是老朋友，

问他们此时此刻的想法。多提问，多发福袋，多给予，这样他们就会留在直播间。

在对话的过程中，他们知道你在关注这里的每个人，这样的直播间是你们共同创造的场域，他们就会有参与感，就会愿意留在你的直播间。

4. 心里要装着别人

我直播大多是在与大咖老师或者学员连麦，不管与谁连麦，我们心里都要装着对方。我们要想，通过这场直播我们能为对方带去多少新朋友，能让多少人也一样喜欢他。我们要发自内心地感激对方能抽出这段时间与你一起共创这份美好的事业，去传递更多好的种子。

嘉宾能与你一起直播是对你的认可，我们要把这份爱回馈回去。比如，我们可以做一个动作，除了让你直播间的用户关注他之外，还可以请观众把嘉宾的直播间也转发到朋友圈，凭截图私信你领取一份礼物。这样就会让连麦嘉宾觉得被重视，借此广结善缘。

5. 相信坚持的力量

作为素人，我们刚开始直播的时候能量不够大，影响的人不够多，整个势能会比较小，场观少、在线少、下单更少。但是没有关系，只要一场一场直播下去，就会被更多人看到，也会得到更多人的关注，我们的场观也会一点一点地提升上去。我们默默耕耘，总有一天会惊艳众人。比如，我直播了200多场，场观从500多人到最高场观5万人，这就是一个从默默耕耘到绽放的过程。

今日思考

- 请你提炼出 5 个关键词来描述你的直播心路历程。

执行关键步骤

1. 准备企业微信，承接更大的流量

现在整个微信生态各个环节是打通的，个人微信号、朋友圈、企业微信、视频号、小商店、社群，每一个环节都是基础设施，一个都不能少。所以我们不能偷懒，想要在微信生态打造个人 IP，就要把这些基础设施做好做稳做强。

企业微信个人也可以注册。注册了企业，添加的人会变得更多，一个企业微信最多可添加 5 万人。我们在直播间推荐自己的企业微信是为了承接用户，以防万一在与大咖老师连麦时造成直播间卡顿。因为流量太大，个人微信是承接不了的。

有一次我与某个大咖老师连麦，当时她推荐了我的企业微信，一晚上企业微信加了几百人，幸好有企业微信，如果是个人微信，就只有遗憾了。

2. 掌控时间，做一个靠谱的主播

直播的每个细节都要考虑周到。我们最好提前一周把下一周的直播安排好，哪一天是自己直播，哪一天是跟某位嘉宾连麦，都需要提前准备好，安排好时间，设计好海报。这样每次直播时就可以让观众提前预约下一场，能做到游刃有余，而且每次预约数都会有一个稳定的基础数量。预约人数越多，官方给你的流量扶持越多。

设置好直播开播的时间之后，要准时开播，不能等系统提醒用户你已经开播了，你却还不出现。这就会浪费流量，用户的感受也不会很好。

另外，跟嘉宾约好连麦时间后你要按时连麦。如果临时有突发状况无法按时连麦，要私信嘉宾。连麦完之后也要私信对

方表达感谢，如果能发一个红包、寄一份礼物更好，这样可以加深你们之间的关系。

3. 明确行动指令，打造有感染力的直播间

给用户明确的指令，他才知道该怎么做。

比如，直播的时候你想要用户关注你的企业微信，那你就明确地告诉他，他应该怎么添加，步骤如何，添加你之后能获得什么样的礼物。让他知道一个确定的结果，这样他就会去执行。

直播卖货可以多设置一些限时福利，督促用户下单，其实这也是一个指令。

在直播间，用户的情绪是很容易被你调动起来的，所以我们要多引导用户，并让自己的状态保持到最佳，这样才能让用户感受到你的能量。

4. 没有宣传就等于没有发生

直播后的宣传也很重要。做完一场直播要记得发朋友圈，因此在直播时要让你的助理或者朋友将你直播、与嘉宾连麦合照的场景截图，这样就可以当作发圈的素材。发圈话术可以用固定的模板，这样每次写的时候就有了方向。

没有宣传就等于没有发生，所以我们要及时在朋友圈宣传

自己这次直播的效果以及大家的收获。

发朋友圈时，你可以留下二维码，让用户扫二维码进群领取直播回放，这样又能激活一些老用户进群，当你下一次发直播预告进群的时候，这些老用户看到后会进你的直播间，甚至会下单，这是一个正向循环。

5. 形成可复制的 SOP

每次做完直播都需要用表格记录下相应的数据，如直播主题、场观、在线人数、下单的产品、下单的数量等。通过这份表格我们能知道哪一次数据高，高的原因是什么，那下一次就可以继续采用；场观低，为什么低？我们再进行反思，避免下次犯同样的错误。

虽然我们是个人 IP，不是企业化运营，没有庞大的团队，但是我们个人也需要用表格做好记录。

当你很重视直播，把它当作一件很重要的工作来做，而不是觉得它是一件锦上添花的事情时，它也会给你更多的回报。

我会把直播当一个项目来做，用框架思维形成一个流程化的SOP。比如，嘉宾的介绍、海报创作、直播预告、群发的文案、互动的话术，还有收尾的工作，我都会在 SOP 里面进行记录和优化。

今日思考

- 你在直播时执行了哪些关键步骤？

复盘经验萃取

如今，直播成了一种很重要的成交场域，不管你是卖实体的货，还是招募线上课程学员，直播间成交都是很好的成交方式。

直播能推动着你完成一次次的突破，助力你突破你的表达能力、沟通能力、销售能力。当然，你通过直播也能很好地梳理你的知识体系，让你迫使自己一边输入一边输出。

每一场直播我们都要竭尽全力，但是不用特别在意结果。有一位老师曾说过：作为主播，你真正能控制的往往只是自己的状态。你无法控制观众，你只能发挥自己的最佳状态，而后去影响一批又一批观众。

我们总是会面对一些不如意的结果：努力直播，但是场观一直停留在几百人；努力卖货，每次下播看到营收真的很惨淡，这让我们有时都怀疑自己是否真的适合做直播。

其实，大多数人都会面临这样的状况，我自己也遇到过。即使我有 8 万私域流量，刚开始直播的那几个月每次也只有几百人的场观，但是我没有气馁，坚持直播了大半年，慢慢地势能起来了，现在每次场观能达到 2000 人以上。

我从 2021 年 4 月 24 日开始在视频号上直播，刚开始我在直播间也卖不动货，然后我就研究别的优秀主播是怎么卖货的，并调整了我的直播方法，后来就卖得越来越好了。2021 年 12 月，我一个月营收就突破了 50 万元，后面还做了单周 10 万元的 GMV。

如何通过直播实现成交？我总结了几点经验分享给你。

1. 直播间卖货从低价到高价

不要一上来就在直播间卖几千元的高价产品，我们可以从 9.9 元、99 元、199 元这样的低价产品开始练习卖货，同时也能让用户养成在你直播间消费的习惯。这些低价产品用户不需要考虑太多，想要跟你连接，就可以马上下单。购买之后，用户就可以加到你的微信上，你后期再继续转化他们购买高价产品。

2. 高价产品可以设置订金，降低用户的购买决策成本

我在直播间卖 9800 元的菁凌年度会员产品时，不会直接设置全款，而是先设置 1000 元订金，用户感兴趣就可以来试试。我还会送给用户一次面试的机会，如果用户使用后觉得不适合就把订金原路返回，还会送上一份礼物。通过这种方法，我也让不少用户在直播间报名了菁凌年度会员。

在这里强调一点，如果你想冲直播间业绩需要设置“全额付款”，只有企业小商店可以设置 3000 元以上的产品，所以你想提升直播间的业绩，把影响力做得更大，就需要注册公司，拿到营业执照，这样就可以申请企业小商店了。

你的行动力越强，就越容易拿到结果，关键是你要突破自己，走出自己的舒适区，看到新的可能性。

3. 给用户当下购买的理由

要想让用户产生紧迫感，你可以设置当天购买的额外福利，告诉用户错过今天就没有了，如买课送课件、买课送咨询等。

当然，你不仅要学会塑造产品的价值，总结产品的卖点，还要塑造赠品的价值，让用户特别想得到赠品。比如，你可以告诉观众：凡是在直播间全款下单的朋友，就送厚厚的 3 本直

播拆解稿，让用户产生下单的冲动。

4. 向别人借力

如果你不擅长卖货，语言感染力不强，可以在关键时刻找擅长的朋友来帮你卖产品。比如，我曾让一位连麦嘉宾在直播间连麦帮我卖菁凌年度会员产品，这场直播共 13 名用户付了订金，这个结果让我很震惊。我自己都做不到的，但是她做到了。

什么样的伙伴能帮你在直播间卖货？以课程为例，首先，这个连麦嘉宾最好上过你的课程，这样就更有说服力；其次，这个连麦嘉宾的发心是真的很想助你成事，他的初心就是想让你好，一个人的发心观众是能感觉到的；最后，这个连麦嘉宾本身需要具备一定的影响力，这样才能影响她的听众或者你这边的听众当下去下单购买课程。

要想获取财富，先去成就他人，也就是成人达己，这是成事者需要具备的心法。我们也可以在直播间去成就别人，这样你会种下很多好种子，会有更多人来到直播间助力你。

为什么那一周我冲直播间 10 万元营收的时候，这么多人来帮助我连麦卖菁凌年度会员产品？就是因为我一直在助人，慷慨地给予他人自己的人脉资源，给予自己的流量，给予自己的时间，以及爱。

今日思考

- 请复盘一下你最近的一次直播，并想想如何灵活运用以上的经验分享。

7.8 发售：如何通过私域直播发售实现业绩倍增

2020 年之前，我不善营销和发售，只会像摊煎饼一样煎一个卖一个，很累很辛苦。

但短短 4 年，我不仅取得了百万元 GMV 的发售业绩，还迭代升级了自己的发售体系。

这一转变源于 2020 年夏天，Angie 老师来浦市古镇团建，她的一句话点醒了我：你的营收上不去，是缺了一场发售，你不会营销自己。在接受了她的指导后，同年 8 月，我的第一场发售直接实现了 40 万元的营收，我第一次深刻地感受到发售的力量。

也是从那时候开始，我全身心地投入到发售工作中，用心钻研发售技巧。我每年都会带领全职团队及上百位共建者深度参与发售实战，带她们赚钱赚经验。她们也在一次次实战中，越战越勇，加速成长。

2022 年，我做了两场影响力百万级别的发售，都是通过“私域 + 直播”的方式达成的。

通过发售，我们已经累计招募了 700 多名收费 9800 元 / 年的菁凌年度会员，60 多名收费 29800 元 / 年的菁凌私教，年营收倍增，影响力也实现了大升级。如果没有大事件我们是无法做到的。

如果你手头有很好的产品、服务、课程，一定要学会做发售。发售做得好，干一个月抵别人干半年甚至一年！我就是最好的例子。3 场发售让我实现了旅居办公。从那之后，我知道了发售对 IP 的重大意义。

发售就像烟花，它绽放的美丽程度取决于你积累了多少燃料。

下面给大家分享我是如何做一场一呼百应的裂变式发售的，看完之后，你马上就可以用，也可以实现影响力和营收的大升级。

直播发售的实战经验和方法

1. 积累意向用户名单

不打无准备的仗。每做一次大发售，一定要提前锁定一批意向用户。

有“意向用户”，会更具底气，心力也会更足，也会更有信心打胜仗。也正是因为备有“意向用户”，一旦“意向用户”纷纷在直播间下单，直播间的氛围一下子就会被点燃了。

人都是有羊群效应的，看到别人纷纷下单，其他人也会受感染和激发而下单。

2. 搭建促单铁军

一场发售成功的要素有很多，如势能成交、能量成交等。其中有一个要素至关重要，就是精细化销售。

你们看到很多大咖一场发售营收几百万元，这只是冰山上的成绩，其实冰山下他们做的，才是我们真正要学习并探索的。

具体怎么做呢？

一是让用户加到主 IP 的微信号或企业微信。

二是搭建促单铁军，每一个群 200 人，一个群分配一个铁军。在发售宣发期，新用户拉进群，铁军每天加 30 人，送

IP 福利。铁军作为助教角色，每天提醒用户上课时间，看对方朋友圈，锁定意向用户，一对一关心，送咨询促单。

3. 社群精细化运营

一场胜仗的背后，一定离不开社群的精细化运营。运营越精细，给用户提供的情绪价值越多，被你转化的人也就会越多。

而一个精细化运营的社群，也一定是有温度、吸引人、能激发和感染人的。

那如何精细化运营？比如：

一是营造氛围。社群不能一直是一个助理号在活动群发消息，需要安排一些氛围官在群内多互动。

二是拆解产品权益。发售时在社群介绍产品权益，每一个权益一张图，带上文字说明、辅助证明的图片（如活动海报、用户反馈、用户案例、线下课照片等）、辅助证明的视频（如 IP 故事短片、活动视频等）。

三是将报名学员海报及时发到社群里，提前做好海报模板。一旦有付全款或订金的用户，立即在群里发恭喜海报。

四是把分享内容时时转播到社群。安排一名负责转播文案的人员，时时记录主 IP 或连麦嘉宾的金句，并制作金句海报。文案的转播不是内容的复制，而是要懂得文案营销，找到一些抓取人心的内容，每一个转播文案加上腾讯会议号，让还没有进直播的用户进入直播间。

4. 公开课流量增长

公开课流量增长，是一场发售中至关重要的一环。它在很大程度上决定了最终的业绩。

一定要把基本盘做大，人越多越好。

（1）搭建裂变铁军

一个人能成事，但难成大事。要团结更多对的人一起做对的事。而裂变铁军，就是我们要团结的人。

做发售增长实战营，通过老学员裂变新学员。

多塑造实战营价值，邀请增长顾问做激发，邀请营销增长大咖做每天晨会赋能。同时设置打榜福利，拉战队，选队长。

找到了关键用户，一个人就是一支队伍。

（2）求助盟友，找到关键增长人物

想成事，想成大事，一定要懂得示弱，一定要懂得求助盟友。

那如何更好地求助盟友？

一是破除内心麻烦别人的卡点，要知道关系都是麻烦出来的。

二是做到多方共赢，梳理出助力你的好处，无法拒绝你的原因，人品红利的爆发点。比如，对方的流量有了转化，给天使金；对方下次做发售或需要其他需求，全力助力；写出 20 个盟友名单，如老师、盟友、学生，对方朋友圈有你需要的用户，有付费能力，一一文字私信，最好约一个 5 分钟的电话，更显诚意；让对方选出他（她）可以支持的方式：企业微信、粉丝群、朋友圈、付费社群等；给对方提供准备好的文案、图片；对方的用户加你之后，记得打标签。

5. 激活自己的流量

一场大发售，不能只靠老学员带新学员，激活自己的私域也尤为重要。因为只有自己的私域流量，用户才会对你有一定的信任背书，会更加地熟悉你认可你，也才更容易为你付费。

我平时激活自己私域流量的方式，主要是：

（1）私信微信用户

可用销售信、海报、个人故事短片、产品短片等为切入点，重要的是，私信文案需简化。

（2）朋友圈布局

朋友圈要像杂志一样布局，呈现多元化的一面，而不是单一的某类型的内容。我们会发公开课文案、用户案例文案、报喜文案、倒计时文案、发售工作文案等，呈现多元、丰富的朋友圈内容。

（3）群发企业微信

群发企业微信可以高效触达 1 万多名企业微信用户。

（4）发粉丝群

要有建粉丝群的意识，还要在群里积极互动。

（5）用短视频拉直播预约

要大量发布短视频，创作爆款。我有一条 270 多万浏览量的爆款短视频，直播预约人数达 6000 人。

6. 发售成交增长

我们要去塑造赠品的价值。有时候对用户来说赠品更具稀缺性和吸引力，能吸引他们马上下单。

因此，我们在前期直播连麦中，可以先试着问连麦嘉宾是否能给在连麦过程中，下单的用户赠送一些礼物。依我的经验，嘉宾送的一对一约聊的成交效果最好（因为很多用户都想跟嘉宾近距离沟通）。其次是实体礼物，如签名书。再次是虚拟的礼物，如课程、电子书。嘉宾送什么礼物你可以提建议，但是决定权要交给对方，因为我们要重视关系，让别人觉得跟你交往舒服、值得很重要。

做大发售的最终目的，一定是成交。所以一定不要扭扭捏

捏，要大大方方地进行营销。

而想要更好地达成成交目标，做好发售成交增长才是关键。

那如何才能做好发售成交增长呢？

（1）腾讯会议为主，视频号为辅

用腾讯会议抢占私域流量，腾讯会议在线率高，用户天然会有上课的感觉。用视频号公域流量获取转化，视频号在线流失率大，两个平台同步更佳。

（2）连麦嘉宾促单

选择连麦嘉宾时，对方的调性、专业能力、福利要是你的付费用户喜欢的。

如何选择嘉宾呢？

我们可以选择那些：愿意成就你，你付费过的老师；愿意托举你，有成交力的盟友；愿意感恩你，有能量的学员。

嘉宾福利有哪些呢？

线下优先，其次是线上王牌课。也可以组合商品，线下线上同时拥有，重点塑造组合商品的价值。

连麦互动策略与技巧有哪些？

互抬势能，相互加油助威，避免自卖自夸。

干货部分，可以突破认知卡点。个人故事，可以突破决策卡点，植入产品。比如，可以讲自己曾付费一个产品的心理活动，让用户代入。

同时 IP 需要梳理目标人群的特点、卖点、价值优势，梳理成文字，做一个连麦沟通文档给嘉宾。

腾讯会议可以在嘉宾连麦时，同步展现赠品塑造价值的图片或视频，这样会更直观明了，吸引用户注意力。

（3）发售公开课内容准备

自媒体时代，内容为王。如果一场发售活动，没有好的内容，再多的流量，再好的产品，再精细化的运营，也都是徒劳。

因为，**内容力决定影响力，影响力决定变现力。**

（4）先拉场观，再给干货

分享的内容再精彩，如果没有在线率，就很难有成交率。一定要重视拉场观。

①腾讯会议拉场观

具体可以这样做：IP 用个人微信引导社群内用户，给参加活动的人打标签，每天提前私信通知，私信文案要塑造价值；助理或销售铁军私信用户，提醒上课，还要多次提醒；提前 30 ～ 60 分钟开腾讯会议，可以放自己个人故事短片、线下活动视频；让用户去群里发红包，让更多人来参加；主持人送福利拉场观、拉在线率。

②视频号直播发售拉场观

具体可以这样做：视频号直播开始后，群发企业微信，公开课群发红包；送人气宝，可以自己准备，也可以让用户送；引导用户加个人微信号，领福利。

做发售不仅能提升业绩，也能提升你的影响力，还能提升你的心力，让你看到更多可能性。因为做好这件事并不容易，只要敢于去发售，就有实现的可能。

如今，我已经成功做了多次百万级发售，并形成了成熟的发售体系，经过实战沉淀下来的经验也形成了可实操落地的百万发售 SOP。

今日思考

- 请你灵活运用以上方法做一次直播发售。

直播发售的四大心法

1. 成就用户，而不是成交用户

当你做发售时，心里要想着成就用户而不是成交用户，你的心力会更足，会找到自己的初心和价值观，你也就不会那么焦虑了。

为什么我们要筛选用户？是因为我们要去帮那些我们能帮的人、跟我们同频的人，要敢于去拒绝一些我们无法成就的人，或者暂时不适合我们的人。有一些用户现在处于负债的状况，经济上有压力，这些人我们可以果断地拒绝，因为他们借钱报名，会产生更大的压力，急于变现，他们的焦虑又会影响到你的交付。高付费产品要懂得筛选用户。

2. 定下目标，使命必达

最开始定下 100 万元的目标时，我的内心是胆怯的，但是因为有操盘手有团队给我打气和助力，我就坚定了下来。只是别人可以用 3 天完成的业绩，我选择用半个月来完成它，结果都一样，我走得慢一点没有关系，找到适合自己的节奏最重要，关键是定下目标，就要使命必达。

我有一个学员说她最近想做直播发售，定下 10 万元 GMV

的目标，但她心里缺乏足够的自信，怕自己做不到。其实有很多人都会有对于高目标的不自信，此时我们要坚定地告诉自己，我可以做到。然后把这个大目标拆解成每一个可执行的任务、每一份行动清单。只有付出别人付出不了的努力，才会得到别人得不到的结果。只要勇往直前，你一定也可以做到。

你定的目标是要踮一踮脚尖才能触及的目标，这样我们在达成目标的过程中也会有很大的突破，能获得更大的成长。这也是我们为什么要打造个人品牌，因为打造个人品牌就是持续不断地去精进自己，看到人生更多的可能性。

3. 你的出现要成为别人生命中的礼物

你要让自己的出现成为别人生命中的礼物，像一束光照亮别人，帮助他们找到解决问题的方法，或者让他们看到更多希望，找到更多力量。

而这需要你做到：首先，你要自己用心准备直播发售时分享的内容，找到用户的痛点，讲更多的故事、案例，为用户提供不一样的认知和解决方法。

其次，你要在过往的日子里不断地沉淀自己，在言谈举止中彰显出你的人格魅力，展现出你感性的价值观，吸引更多同频者。

有时候一味谈赚钱，吸引到的就是一心想要赚钱的人，但是如果我们更多地谈人生的使命初心、为社会提供价值、为家庭提供价值，就会打动更多正心正念的人，而这些人是我们的最优用户。

找到合适的用户才能让我们更快地帮助他们取得成绩，并且他们也可以影响身边的人，让这束光慢慢传递出去，影响到更多人。

4. 私域资产是我们最大的护城河

我用 10 年进行内容创作，8 年深耕知识付费行业，积累了 11 个微信号、8 万微信好友，微信用户 20 万，视频号“遇见李菁”3.9 万粉丝。有了这些积淀，我才能在直播发售中有更大的底气。

举行百万直播间大活动让我们小团队更有凝聚力、战斗力，优化了很多私域运营的细节。最好的团建就是带着团队一起打胜仗。我现在线下有 4 名全职助理，她们的身份分别是：菁凌首席操盘手、菁凌首席运营官、菁凌首席内容官、菁凌首席服务官。并且我有一个很特殊的地方是，我是在偏远小镇创业的，这几名全职助理都是从大城市来到小镇，助力我一起完成这份美丽的事业。找到她们我花了一两年的时间。**人找对了，**

事就成了。我们做小而美的事业，人不是越多越好，而是要合适、互补、有凝聚力。

直播依然是未来 3 年的红利。如果你在直播的过程中遇到任何问题，可以私信我，我乐意为你解决问题，我们一起通过直播影响更多人。

另外，送你一个超级福利，你加我的个人微信号：yujianlijing，私信我“SOP”，我会把整理好的百万直播间 SOP 发给你，希望也能助力你的直播发售。

今日思考

- 你会如何在直播发售中扩大你的私域资产？